Abrace a
LIBERDADE

Abrace a LIBERDADE

**Quatro Passos Para Andar em Liberdade
Como um Estilo de Vida**

TASSYANE ASSIS

NEW LIFE
PUBLISHING HOUSE

Flórida - EUA | 2024

ABRACE A LIBERDADE

© 2024 Tassyane Assis

Produção Editorial: Alethos Editorial
Copidesque: Idiomas & Cia
Revisão final e prova de revisão: Idiomas & Cia

As citações bíblicas, exceto quando indicado, foram extraídas da Bíblia Sagrada versão ARA - Almeida Revista e Atualizada, © 1993. Outras versões utilizadas: NVI (Nova Versão Internacional, © 2011), ACF (Almeida Corrigida Fiel, © 2011), ARC (Almeida Revista e Corrigida, © 2009). KJA (King James Atualizada) a versão pertence à Sociedade Bíblica Libero - Americana (SBIA) e Abba Press do Brasil, traduzida livremente para o português a fim de proclamar a Palavra do Senhor por todos os meios possíveis.

DADOS INTERNACIONAIS DE CATALOGAÇÃO NA PUBLICAÇÃO (CIP)
(Câmara Brasileira do Livro, SP, Brasil)

Assis, Tassyane
  Abrace a Liberdade /
Tassyane Assis. -- Flórida - EUA:
Ed. Autor, 2024.

  ISBN 978-65-00-95006-9

  1. Fé (Cristianismo) 2. Aspectos Religiosos
3. Liberdade.

1ª Edição - 1ª Impressão

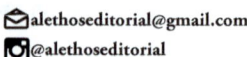
alethoseditorial@gmail.com
@alethoseditorial

SUMÁRIO

A VOCÊ,

que crê em Jesus Cristo,

que luta pela liberdade

e que deseja abraçá-la.

AGRADECIMENTOS

Primeiramente, toda honra e glória a Deus. É somente através dele que podemos crescer e abraçar a liberdade, e somente por Sua graça isso é possível.

Muitas pessoas em minha vida me ajudaram na minha jornada em busca da liberdade. Elas influenciaram o meu sistema de crenças e também a maneira como a liberdade é definida em minha vida. Aprendi com as conversas diárias com elas, com suas mensagens e com os livros que li. É impossível mencionar e honrar cada nome sem ser injusta com alguém, deixando essa pessoa de fora. Se você algum dia interagiu comigo nesta vida, eu lhe devo algum crédito por ser quem sou.

Por mais que eu queira enumerar todos os nomes do mundo e dar a todos o crédito que lhes é devido, não sei como posso fazer isso. Mas eis alguns nomes dos que contribuíram significativamente para este projeto.

No início da minha caminhada cristã, Thiago Teixeira foi meu primeiro mentor. Ele passou horas incontáveis me ensinando e construindo um fundamento sólido para tudo o que sei agora. Ele é uma das pessoas mais livres que já conheci. Quando encontra um conflito bíblico, ele pergunta a Deus o que a passagem significa em vez de presumir que sabe tudo. Ele faz isso com humildade, enquanto se prende à verdade da Palavra de Deus. Nunca encontrei ninguém que conheça a Bíblia tão bem quanto ele. Ele me ensinou a fazer o mesmo — a estudar a Bíblia e quem sou eu de acordo com a verdade dela. Tenho uma dívida e gratidão eterna a ele.

Meu marido, Omar Gonzalez, é um homem segundo o coração de Deus. Ele verdadeiramente é um exemplo de um marido que ama sua esposa como Cristo ama a Igreja, permitindo que ela cometa os seus próprios erros e aprenda com eles enquanto a mantém sob o seu olhar protetor para que ela não se perca quando perceber que cometeu erros demais. Ele é o meu ser humano favorito, o amor da minha vida.

Nossas três filhas, Meyre, Ayane e Daniela, me encorajam e me desafiam a descobrir novos níveis de liberdade como mãe e como ser humano. Elas são um dos principais canais de Deus para me levar a descobrir que sempre há novos níveis de liberdade disponíveis. Elas são incríveis.

Minha mãe, uma mulher extraordinária, orou por mim sem cessar desde sempre. Suas orações me mantiveram viva e almejo ser como ela em muitos aspectos.

Em muitos sentidos, meu pai me moldou e me levou a níveis de liberdade maiores simplesmente sendo quem ele é — meu pai terreno, com o coração do meu Pai celestial.

Minha irmã, Poincyane Assis-Nascimento, é um dos meus seres humanos favoritos, minha melhor amiga para sempre e minha conexão divina. Não há palavras para descrever o meu amor por ela.

Minhas lindas amigas que fazem parte do nosso Sistema de Apoio — Mislene Bonetti, Telma Muniz e minha irmã, é claro — são as mulheres a quem recorro. Através das nossas conversas e trocas, crescemos, nos curamos e expandimos nossa capacidade de entender mais e melhor o que Deus está fazendo em nossas vidas. Não tenho como agradecer a Ele o suficiente por me dar mulheres tão extraordinárias com quem posso compartilhar a vida. Eu as amo profundamente.

Minha amiga, Michelle Gonçalves, através da sua técnica de alcançar liberdade pessoal, me inspirou a escrever este livro. Sem dúvida, minha conversa com ela sobre a sua técnica foi o que levou este livro a nascer no Espírito. Ela foi extremamente generosa em compartilhar sua técnica com todos nós neste livro. Ela ocupa um lugar especial no meu coração, e eu a amo.

Minha amiga Lori Hogg compartilhou um lindo testemunho que ilustrou muito bem um dos pontos importantes deste livro. Eu a amo de todo o coração. Nossas conversas são sempre profundas e cheias de revelação divina, nos tornando pessoas melhores.

Meu irmão, Bruno Alexsander, e minha cunhada, Daniela Assis, fazem um lindo trabalho criando seus filhos em liberdade, enquanto mostram a eles o caminho certo, longe do temor do homem. Meu irmão tem um coração segundo o coração do Pai, como meu marido e meu pai, e é lindo ver a busca deles pela liberdade enquanto compartilham a vida.

Meu cunhado, Junior Nascimento (eu não poderia deixá-lo de fora!), é alguém que conheci quando éramos adolescentes. Ver a mudança nele por causa do seu relacionamento com Jesus coloca um sorriso em meu rosto a qualquer hora do dia!

Vicki me apresentou a retiros silenciosos. Esses retiros estavam no coração de Deus para mim desde o momento em que eu disse sim a Jesus quando adulta. E eu sabia. Ela foi a pessoa que Deus usou para tornar isso uma realidade em minha vida. Desde a minha primeira experiência com o silêncio em 2018, criei o hábito de me retirar para um lugar afastado com Jesus com a máxima frequência possível. Ela exerceu um papel importante nesse processo durante um período importante da minha vida.

O Pastor Caleb estava presente no retiro em Colorado em agosto de 2019, quando comecei a escrever este livro. Ele encorajou a todos a passarem tempo com a Palavra de Deus lendo o livro de Romanos, o qual foi a base deste livro.

O Pastor Fabio Nascimento, meu pastor, me conduziu a Cristo anos atrás e é um dos meus grandes encorajadores. Ele me lembra constantemente sobre a unção de Deus que está sobre a minha vida. Ele é incrível e sou grata por sua liderança e cobertura espiritual. Ele carrega tamanha paz, amor e sabedoria, e eu valorizo essas coisas nele.

Gisah Batista Janzen, que conheci após escrever as palavras originais deste livro, foi essencial para a minha busca pessoal contínua por abraçar a verdadeira liberdade. E seu marido, Konrad Janzen, me deu uma das palavras mais simples, porém, mais relevantes, durante provavelmente o tempo mais difícil que passei em minha vida até hoje.

Tiffany e Fernanda, que leram o livro, definitivamente me ajudaram a fazer algumas correções e contribuíram com suas análises e percepções valiosas antes que ele chegasse às mãos do meu maravilhoso editor, Thomas.

Obrigada a todos vocês.

PREFÁCIO

Você já recebeu um telefonema de um amigo ou amiga convidando-o para tomar um café, e esse café casual acabou sendo um momento que mudou a sua vida?

Era um dia comum em que eu estava fazendo as minhas tarefas domésticas normais na minha vida ocupada. Uma amiga me telefonou e me convidou para tomar um café com ela. Ela disse que queria me apresentar a uma técnica de meditação diária que havia criado e desenvolvido para si mesma. Falou que a chamava de "A Técnica da Liberdade", e que a estava usando diariamente durante o seu tempo de oração. Ela prosseguiu e disse o quanto isso havia sido incrível e libertador para ela nos últimos meses.

Fiquei sentada na minha sala de jantar, escutando-a falar, mas, ao mesmo tempo, não ouvindo, porque o Espírito Santo começou a falar comigo. Entendi que havia mais naquele convite do que apenas um café. Entendi que aquele era um convite divino para eu entrar em parceria com o céu para algo maior. Minha mente ainda não conseguia compreender o que era, mas meu espírito, sim, e ele estava gritando: *Sim, sim, sim!*

Isso já aconteceu com você? Sabe que algo incrível está acontecendo e está animado, mas não consegue entender completamente o motivo. Acredito que isso acontece quando o nosso espírito está entendendo algo que a nossa mente não consegue entender ainda, mas é algo bom. E somente Deus sabe quanto tempo pode levar até que nossa mente compreenda. Para mim, nesse caso, foram quase quatro anos. E está tudo bem.

Quando minha amiga telefonou me convidando para aquele café, ela queria que eu a ajudasse a adaptar essa técnica a um nível com o qual qualquer pessoa pudesse se identificar, até mesmo os incrédulos. Ela sabia que essa técnica poderia ajudar as pessoas a encontrarem e experimentarem a verdade — e é a verdade que *liberta*! Daí o nome "Técnica da Liberdade".

Concordei em ajudar. Eu estava pronta para o desafio. Na verdade, parecia que eu não tinha escolha, porque meu espírito saltou dizendo *sim* antes mesmo que eu pudesse pensar em qualquer outra coisa. É claro, todos nós sabemos que temos escolha, mas aquela era a escolha para a qual meu espírito estava configurado. Amo ajudar os outros a encontrarem liberdade. Entretanto, para ser totalmente sincera, eu me sentia incapaz e inadequada para a tarefa. Mas, se há uma coisa que aprendi é que Deus não chama os capacitados, Ele capacita os chamados — sei que todos nós já ouvimos essa frase, mas continuo aprendendo a viver e andar nessas palavras diariamente. Deus me chamou para restaurar os santos, algo que é a paixão e a motivação do meu coração. Por isso, minha resposta foi um ardente e absoluto *sim*.

Quando nos sentamos para tomar aquele café, fiz muitas anotações enquanto ela me explicava em maiores detalhes o que havia criado. Procurei me concentrar ao máximo para captar o coração da minha amiga, enquanto ela falava apaixonadamente sobre a liberdade que havia buscado por tanto tempo e finalmente começara a alcançar em muitas áreas de sua vida. Vi a alegria em seu rosto, o olhar radiante em seus olhos e, finalmente, um novo nível de liberdade irradiando do seu espírito como nunca havia visto antes. Meu espírito se alegrava enquanto capturava o poder do que estava acontecendo na dimensão do espírito.

Depois, voltei para casa e imediatamente me posicionei para trabalhar nas anotações que havia feito com minha amiga. Apresentei tudo a Deus e pedi a Ele para me guiar, e quando fiz isso, tive uma visão. Era um livro, e vi a palavra *Liberdade*. Antes mesmo que eu tocasse em qualquer anotação, Deus começou a me mostrar que este livro iria além da técnica que minha amiga havia compartilhado. Era um livro que o Senhor iria me dar para escrever. Ele nasceu no nosso encontro, mas ia além disso. A visão começou a mostrar como esse livro levaria muitas almas à liberdade. Vi o Espírito do Deus vivo, movendo-se através do livro quando as pessoas o liam, ativando-as interiormente enquanto elas aprendiam a andar na liberdade do Espírito — a liberdade pela qual Jesus pagou um alto preço para que pudéssemos desfrutar. Vi uma multidão de pessoas e nações chorando, enquanto prisões eram abertas no Espírito. Vi cadeias sendo quebradas sobrenaturalmente, enquanto as pessoas decidiam crer que o que Deus disse é verdade, e que, na verdade, Ele é suficiente.

Eu estava maravilhada. E, mais uma vez, não conseguia entender completamente o que estava acontecendo ou o porquê, mas sabia que meu espírito entendia, então simplesmente entrei em concordância com isso e disse sim. Eu ainda me sentia incapaz para a tarefa que estava diante de mim, mas, ao mesmo tempo, estava entusiasmada.

Eu disse: "Sim, Pai, vamos fazer isto. Não faço ideia do quê nem de como, mas vamos fazer isto!".

Em seguida, senti um impulso de procurar pela palavra *liberdade* no dicionário e anotar o que significava, depois, pesquisar também na Bíblia. Uma pesquisa simples, mas completa, apenas tomando notas. Conforme o Espírito me conduziu, eu fiz. Peguei um caderno novo, escrevi a palavra "Liberdade" nele e anotei tudo que encontrei.

Foi quando comecei a perceber o quanto nossa definição de liberdade é distorcida. E ouvi Deus em meu espírito quando Ele me fez esta pergunta: como as pessoas podem ser livres se nem sequer sabem o que é liberdade?

Como se eu não estivesse perplexa o suficiente com tudo o que acabo de descrever, Deus continuou, dizendo que eu estaria escrevendo este livro no Colorado — apenas alguns meses depois — em um retiro silencioso do qual pretendia participar.

Mais tarde, quando eu estava fazendo as malas para a viagem ao Colorado, Deus me lembrou de levar o caderno com as anotações sobre "Liberdade" que eu havia iniciado, além de algumas versões diferentes da Bíblia, uma vez que não teríamos acesso a equipamentos eletrônicos ou à internet durante o retiro. Ele me lembrou que estaríamos escrevendo este livro nos dias que se seguiriam. Coloquei na mala tudo que eu sentia que Deus estava me direcionando a levar — embora deva admitir que não estava levando a parte da escrita muito a sério.

Cheguei ao Colorado e, na primeira manhã ali, eu estava tomando meu café tranquilamente quando este diálogo se iniciou em meu espírito:

— Você está pronta? — Deus me perguntou.

— Pronta para o quê?

— Para escrever o livro!

— Ah! Então, o Senhor estava falando sério?!

— É claro.

— Não posso escrever um livro assim. Não tenho nada para digitar, nem internet para pesquisar.

— Você está certa, filha. Você não pode. Mas Eu posso. E estou convidando você para fazer isso comigo. Você está pronta?

— Sim.

Mais uma vez, essa era a única resposta que eu queria dar a Ele.

Peguei o caderno onde eu havia começado a escrever minha pesquisa sobre liberdade. Peguei todas as minhas Bíblias, algumas canetas e fui me sentar do lado de fora, com vista para as lindas montanhas que nunca consigo ver no Sul da Flórida. E foi assim que este livro foi escrito inicialmente. Em oito horas, o livro foi totalmente escrito, do início ao fim. Deus me deu até a imagem para a capa em uma visão, onde me mostrou a pessoa que iria desenhá-la. No fim, eu havia me mudado para a mesa da sala de jantar. Quando escrevi a última palavra, explodi em um choro misturado com risos e lágrimas, tudo ao mesmo tempo — era um misto de alegria, realização e gratidão que nem sei explicar. Não tenho palavras para descrever o que senti naquele momento. Eu nunca havia vivido um momento como aquele, e nunca mais vivi algo assim desde então.

Sim, é claro, eu havia escrito todas aquelas palavras. Eu sentia minha mão prestes a cair de tanto escrever. Mas as palavras não vieram de mim. Foi como se o Espírito Santo as sussurrasse a mim enquanto eu as escrevia.

E então, ao longo dos quatro anos seguintes, creio que houve um misto de viver aquelas palavras e traduzi-las junto com o Espírito Santo de uma maneia que fizesse sentido para os outros. As palavras despontaram e saíram do papel para o computador, depois para as páginas reais do livro que você agora tem em mãos. Estes quatro últimos anos foram intensos para mim; precisei lutar e abraçar a minha liberdade pessoal com toda a minha força.

Dei ao livro o título de *Abrace a Liberdade* porque a liberdade é algo que estamos constantemente buscando quando estamos diante Daquele que nos dá a Liberdade. Não é algo que encontramos uma vez e nunca temos de procurar novamente. É algo que está sempre crescendo, mudando e nos fascinando.

A busca por abraçar a liberdade se tornou um estilo de vida para mim. Espero que aconteça o mesmo com você também.

É verdade que Jesus já morreu para nos *libertar* — é uma tarefa já concluída — mas *nós* não concluímos. Ainda estamos aqui, vivendo em um mundo quebrado e caído, crescendo diariamente de glória em glória e de liberdade em liberdade. Recebemos o dom da liberdade, liberdade plena, e agora nós a abraçamos para aprender a viver plenamente nessa liberdade.

As palavras que você lerá neste livro são a minha melhor tentativa de entrar em parceria com o Espírito Santo, para traduzir o coração de Deus com relação à liberdade que Ele deseja que você tenha em todas as áreas da sua vida.

É importante que você saiba que não sou adepta desses ensinamentos da Nova Era, do tipo "ilumine-se e torne-se melhor a cada dia". Creio que existe uma linha tênue entre essa mentalidade e a verdade do que o evangelho puro nos oferece. E essa linha é desenhada por Jesus. Embora eu esteja tentando chamar a atenção para aquilo que nós, como seres humanos, temos a responsabilidade de fazer por nós mesmos se quisermos crescer, sermos aperfeiçoados e nos tornarmos melhores, precisamos saber que só podemos fazer isso por causa da graça de Jesus que abriu um caminho para nós. Não é pelo nosso próprio poder, mas pelo poder do Espírito Santo em nós.

Ser livre parece ser algo muito simples, e é. Mas simples não quer dizer fácil. Na verdade, muitos podem pensar que são livres. Geralmente associamos liberdade a não estar na prisão ou talvez viver em um país onde temos liberdade de expressão. Na verdade, é algo muito mais profundo e muito além do que conhecemos e consideramos ser liberdade. Ser mentalmente e emocionalmente livre tem pouco a ver com a nossa liberdade física. Liberdade é uma condição interna, e não uma condição externa. De fato, uma pessoa pode estar acorrentada e, no entanto, ser livre. E o contrário também é verdade. Uma pessoa pode não ter qualquer restrição física e ainda ser um escravo. Escravo dos seus próprios pecados. Escravo de um estilo de vida. Escravo de uma mentalidade ou de um padrão de pensamento que o mantém vivendo abaixo do seu potencial. Escravo de dependências emocionais. Escravo de um sistema de crenças que mantém a pessoa com os olhos vendados e, portanto, incapaz de ver todas as oportunidades que a cercam. Escravo de uma cultura, de costumes e de tradições que podem ir contra a verdade da Palavra de Deus. Escravo do temor do homem, que se traduz em uma necessidade constante de agradar os outros e de ser aprovado, custe o que custar, mesmo em situações abusivas. Escravidão.

Vou lhe fazer a mesma pergunta que ouvi de Deus enquanto fazia a pesquisa: "Como podemos ser livres quando nem sequer sabemos o que é liberdade?". Como podemos ser uma coisa que nem conseguimos descrever o que é?

Você provavelmente tem a resposta certa: não podemos.

Este livro foi desenvolvido com um único propósito em mente: trazer a você mais liberdade. Não importa o quanto você pense ser livre (ou não), há mais liberdade. Há sempre um próximo nível. E o propósito deste livro é levar você a esse próximo nível de liberdade, através do aprofundamento do seu relacionamento e da sua intimidade com o Provedor da Liberdade. Na Palavra de Deus, Jesus diz que a verdade vai libertar você (João 8:32). Essa é a minha oração por você, que decidiu escolher este livro e abraçar a verdadeira liberdade.

Com amor,

Tassyane

INTRODUÇÃO

Enquanto eu escrevia este livro, tive uma visão clara de como deveria ser o sumário. Ele se dividia em partes, e essas partes se tornaram "passos".

O Passo I é a parte da pesquisa, incluindo um capítulo de abertura onde compartilho apenas um vislumbre da minha busca pessoal nos últimos quatro anos.

O Passo II é sobre abraçar a liberdade a partir de um lugar de vitória. Já temos liberdade; não estamos correndo atrás dela. Nesses capítulos, encontraremos detalhes sobre como abraçá-la a partir do lugar certo: o de vitoriosos em Cristo.

O Passo III é sobre abraçar a liberdade a partir de um lugar de identidade. É fundamental sabermos quem somos e que estamos buscando a liberdade a partir da nossa verdadeira identidade.

E o Passo IV é a Técnica da Liberdade que minha amiga criou, e que eu a ajudei a colocar em palavras. Sei que você a achará útil e prática para uso diário no seu tempo com Deus enquanto Ele lhe conduz na sua própria busca pela liberdade.

Incluí "ativações" para você depois de cada capítulo dos três primeiros passos, e oro para que você possa se beneficiar ao segui-las. Elas ajudarão a ativar seu espírito em cada passo que dermos em direção à liberdade.

Por fim, peço que você considere a visão que Deus me deu para este livro (como compartilhei no Prefácio), e as promessas que Ele tem para os leitores que escolherão este livro a qualquer momento. Porque se crer, você receberá!

PASSO I

ENTENDENDO A LIBERDADE

Devemos pensar na liberdade não como o direito de fazer
o que nos agrada, mas como a oportunidade de fazer o
que é certo.

PETER MARSHALL

No Passo I, você lerá sobre a minha pesquisa acerca da palavra *liberdade*, tanto no dicionário como na Bíblia. Mesmo que você não goste de pesquisas, creio que seu entendimento será iluminado por esse conhecimento. É essencial definir o que estamos tentando realizar, abraçar e conquistar.

Dois dos capítulos do Passo I são sobre definir a palavra *liberdade*. Se você ama definições e está recebendo ainda mais revelações com estes versículos, você é como eu. Faça anotações e certifique-se de registrar cada palavra que você acredita que o Espírito Santo está lhe dizendo. Sei que Ele o encontrará durante esta leitura e levará você a níveis profundos de liberdade.

Antes de chegarmos às definições, compartilharei um pouco da minha busca pessoal pela liberdade ao longo dos últimos anos. É algo definitivamente pessoal e vulnerável que gostaria de dividir com você. Eu estava em um lugar e em um período da minha vida em que percebia que tinha de abraçar um nível mais profundo da liberdade de Deus de maneira intencional e intensa a cada dia. Foi um tempo em que uma realidade terrível me atingiu, quando tive de escolher entre buscar a realidade superior à qual sabia que tinha acesso ou ficar paralisada em um lugar onde não queria estar.

Finalmente, o último capítulo deste passo é sobre como a nossa mente subconsciente exerce um papel na liberdade da qual usufruímos.

1

Um Vislumbre da Minha Própria Busca pela Liberdade

Simão Pedro lhe respondeu:
"Mas Senhor, para onde iríamos?
Ninguém além de ti nos dá a revelação da vida eterna".

JOÃO 6:68, TPT

Recentemente ouvi uma mensagem de um dos meus pastores favoritos sobre João 6:68, e o que ele disse me levou a uma revelação do Espírito Santo. Entendi que Pedro estava tendo o que gosto de chamar de um "momento de liberdade de espírito para espírito". Isso acontece quando nosso espírito recebe algo do Senhor, que passa a ter vida a partir da nossa concordância, mas nossa mente ainda não pode compreender. Tenho tantos momentos como esse que pensei que eu fosse um pouco lenta, mas compreendi que, na verdade, nosso espírito está fora do tempo, ao lado do Espírito de Deus, por isso às vezes está anos-luz à frente do que nossas mentes podem perceber, porque a mente está limitada ao tempo.

No contexto desse versículo, Jesus estava pregando o que parecia ser uma mensagem estranha sobre comer a Sua carne e beber o Seu sangue. Não parece ter sido uma mensagem popular, já que todos partiram ao ouvi-la — todos exceto Seus discípulos. E quando Jesus perguntou se eles também queriam partir, Pedro respondeu: "Mas Senhor, para onde iríamos? Ninguém além de ti nos dá a revelação da vida eterna".

Não creio que os discípulos tenham entendido a mensagem mais do que as pessoas que partiram, mas eles ficaram porque o espírito deles ganhou vida. Podem não ter compreendido com o intelecto, mas o espírito deles estava alinhado. O espírito deles estava à frente de suas mentes — o espírito estava dizendo *sim*, embora eles não fizessem ideia do que estavam recebendo. Eles apenas tinham a convicção de que Jesus era o que dizia ser, o único que tinha as chaves da vida eterna.

Chamo isso de um momento de liberdade de espírito para espírito. É um momento em que você dá a si mesmo permissão para dizer *sim* antes de entender com a mente. E, quando faz isso, dá ao Espírito Santo permissão para levar você ao próximo nível de liberdade. Tive muitas experiências e encontros extraordinários com o Senhor que me levaram a níveis de liberdade mais profundos, e todos eles tiveram origem nesses momentos de liberdade de espírito para espírito.

Um dos momentos que revolucionou minha vida foi uma experiência que levou à restauração do meu relacionamento com meu pai. Eu tinha trinta e dois anos na época, e nunca havia tido um relacionamento tranquilo com ele. Um dia, porém, decidi que eu queria honrá-lo. Então perguntei a Deus como fazer isso, porque eu não sabia. Pedi a Deus para me mostrar uma coisa boa sobre meu pai, e eu telefonaria para dizer isso a ele, deixando de lado qualquer expectativa de que ele fosse estragar o meu dia.

Deus respondeu rapidamente. Telefonei para meu pai e, durante aquele telefonema, pude vê-lo a partir de uma perspectiva totalmente nova, como se ele fosse um ser humano completamente diferente. A questão é que não era ele quem havia mudado, mas eu — minha perspectiva, minha visão, minha capacidade de ver meu pai a partir dos olhos de Deus. Não conseguia acreditar que eu podia realmente vê-lo assim. Pude entender as razões pelas quais ele fez tudo o que fez ao longo de toda a sua vida, por mais erradas que essas coisas possam ter sido. Não que isso as tornasse certas, mas o vi com os olhos de Deus: perdoado, justificado, justo, santo. Não senti amargura, nem ressentimento, nem ira, nem mágoa. Apenas amor puro e incondicional.

Essa experiência foi além de mim. Minha mente não compreendia plenamente como isso havia acontecido, mas o meu espírito estava em plena concordância. Não foi uma mudança passageira, que desapareceu quando as imperfeições humanas do meu pai vieram à tona novamente. Ainda é assim que eu o vejo e é quem ele é para mim — e ponto final. Portanto, foi assim que comecei a tratá-lo e falar com ele daquele dia em diante. Ainda faço isso até hoje. Isso me levou a um novo nível de liberdade em todas as áreas da minha vida.

Essa experiência com meu pai aconteceu a partir do momento em que comecei a buscar a Deus para ter liberdade em uma área específica, mas alcançou muito mais áreas do que eu esperava. Consequentemente, também destravou algo em mim que eu não sabia que era possível. De repente, comecei a ver as pessoas de maneira diferente. Percebi que eu as via com os olhos de Deus, em vez de vê-las com os meus olhos. Isso foi uma grande libertação para mim.

Antes dessa experiência, eu já havia começado a me arrepender de coisas que antes não considerava erradas, o que me levou a lugares de liberdade que eu não acreditava serem possíveis. Já havia aprendido a renovar a minha mente com relação à maneira como levo as minhas ideias às pessoas, com relação à maneira como abro o meu coração e expresso as minhas emoções. Já havia aprendido a me comunicar sem ira na maioria das vezes e a não falar tão depressa, por impulso, mas a esperar e orar em vez disso, falando somente quando o meu coração estivesse em paz. (Embora eu deva admitir que essa última parece ter sido um trabalho em andamento por anos). Tive muitas experiências que realmente me levaram a níveis mais profundos de liberdade com o Senhor. Assim, eu acreditava que havia chegado a um ótimo lugar e estava vivendo em total liberdade quando Deus me deu o conceito deste livro. Mal sabia eu que estava prestes a entrar em uma incrível jornada para aprender a buscar e a lutar por um estilo de vida de liberdade mais profundo.

Após o retiro, à medida que a vida prosseguia, as coisas começaram a mudar. Vivi algumas situações com minhas filhas, que me levaram ao entendimento de que quando me deparava com circunstâncias que eram altamente estressantes e emocionais, eu ficava emocionalmente indisponível para estar totalmente presente para elas, porque a culpa e a vergonha dominavam todos os meus sentidos, e eu me isolava. Elas me procuravam com um problema real e, em vez de ser a mãe que elas precisavam que eu fosse naquele momento, eu transferia a culpa e meus outros sentimentos para elas, de maneira inconsciente, fazendo com que se sentissem ainda piores do que quando a conversa havia começado. Eu estava infeliz e cansada dessas emoções negativas, enquanto minhas filhas sofriam e sentiam que não conseguiam se conectar com a própria mãe.

De repente, senti como se toda a liberdade que havia conhecido tivesse desaparecido. Eu não entendia como ou por que, muito menos o que fazer quanto a isso. Se Jesus já havia me libertado, por que eu estava lidando com tamanha falta de liberdade? Por que estava me sentindo como se estivesse em cativeiro? O que havia acontecido com toda a liberdade que eu tinha antes?

Então, comecei a observar que além daqueles dois incidentes principais, eu fazia a mesma coisa com frequência, de várias formas, com as pessoas que mais amo. Eu não conseguia lidar com o que pensava ser o peso emocional de assumir a culpa pela dor delas. Esse conceito que Deus estava trazendo à minha atenção sobre o ato de transferir a culpa era estranho para mim, porque sou muito boa em assumir a responsabilidade pelos meus atos. Mas o que acontece quando não há nada para assumir?

Passei por um declínio por alguns anos antes de ficar muito mal. Geralmente sou uma pessoa positiva, risonha e de bom humor. Na maior parte do tempo, sou emocionalmente estável e equilibrada. Ninguém percebia que eu estava no meio de uma crise — na verdade, nem eu. Estava totalmente alheia a isso. Até que, um dia, a ficha caiu completamente de surpresa.

Mas não foi surpresa para Deus. Ele estava me preparando para isso havia anos, mesmo sem que eu soubesse disso conscientemente. Deus sempre nos prepara para cada crise que cruza o nosso caminho.

Um dia, no que parecia ser uma tarde normal, recebi um telefonema do hospital dizendo que minha filha estava na emergência. Meu coração parou. Senti vontade de vomitar. Enquanto isso, naquele mesmo dia, minha outra filha estava tendo uma série de problemas. Aquele foi o dia em que o meu mundo inteiro, como eu o conhecia, desmoronou. Comecei a ter *flashbacks* de visões e sonhos que havia tido nos meses anteriores, e comecei a entender o que Deus estava tentando me mostrar. Ele estava preparando o meu coração para aquele dia havia meses. Eu não entendia, mas meu coração havia sido preparado mesmo assim. Por isso, estava grata — e, ao mesmo tempo, sentia tanta dor que era surreal. Minhas duas filhas pareciam estar sofrendo tanto, passando por tanta dor, e parecia não haver absolutamente nada que eu pudesse fazer a respeito.

Parecia que a liberdade havia fugido de mim. Mas a verdade é que ela é progressiva. A liberdade na qual já caminhamos é a única razão pela qual somos capazes de reconhecer certas coisas em nossas vidas que podem nos levar ao próximo nível. Portanto, antes de continuar com a história, vou lhe contar brevemente o que me fez passar pela dor e me preparou para os tempos que estavam diante de mim.

No dia seguinte, recebi um telefonema de uma amiga do Brasil que estava em Miami na época. Ela me convidou para uma noite de adoração. Quem adora enquanto está sofrendo tanto? Bem, aparentemente, EU! Meu espírito saltou dizendo *sim* antes que eu pudesse dizer não conscientemente. Acho que era melhor do que ficar sentada em casa, sozinha, chorando e infeliz, embora fosse isso que eu desejasse. A verdade é que, no fundo, acho que era isso que eu pensava que merecia. Afinal, minhas filhas estavam sofrendo e, na minha mente, era sempre culpa minha — então eu deveria estar sofrendo também.

Mas Deus não nos dá o que merecemos. Ele nos dá a Sua maravilhosa graça. Então, eu me arrumei e fui.

Aquela noite foi um presente de Deus para mim. E Ele me equipou com muito mais do que posso sequer começar a compreender, até hoje. Naquela noite, creio que Deus depositou força em meu espírito além da minha capacidade de compreensão. Aquilo não fazia sentido para mim. Nada fazia sentido algum. As coisas que vi no espírito, as coisas que ouvi, as coisas ditas sobre a minha vida — o túnel de fogo, os anjos, que nunca havia visto antes, embora tenha lido sobre eles na Bíblia e conheça sua atribuição. Nada fazia nenhum sentido natural. Mas meu espírito concordou com o do Senhor, e isso era tudo que importava.

Naquela noite, alguém me disse: "Há mais liberdade. Abrace a liberdade Dele". Minha mente não entendeu. Parecia tão simples, mas tão profundo e complexo. Mais uma vez, porém, meu espírito havia entendido totalmente. E eu disse *sim*. Quando aquelas palavras encontraram o meu espírito e imediatamente após eu dizer *sim*, mesmo sem saber para o quê, foi como se eu tivesse recebido um depósito instantâneo, um *download* espiritual. Entendi como lutar pela liberdade dos outros em um novo nível, e entendi que precisava abraçar a minha própria liberdade e como fazer isso. Entendi que eu não havia *perdido* a minha liberdade. Na verdade, eu estava sendo convidada a um novo nível de liberdade. E entendi que essa era a minha única opção. A não ser, é claro, que eu quisesse permanecer infeliz, o que eu não queria.

Vamos voltar à história. Os meses seguintes foram muito difíceis. Mas eu estava fortalecida pelo Senhor. Tive experiências poderosas com o Espírito Santo diariamente, que me fizeram passar por um dia de cada vez. Entendi que aquele era um tempo de cura, no qual o Senhor estava me libertando de alguns problemas que vinham me mantendo cativa. Deixei minha agenda livre e, a cada dia, me sentava conforme o Espírito Santo me direcionava, e não fazia muita coisa além de orar e meditar na Palavra de Deus. Voltei a alguns sonhos que tive e a palavras que Ele havia me dado anteriormente, e Ele começou a dar sentido a eles e a libertar a minha mente de muitas formas inesperadas.

Entendi que sou boa em assumir responsabilidades. O problema é que quando não há nada pelo qual me responsabilizar, começo a procurar inconscientemente alguém para culpar. Se a culpa não é minha, eu presumo que deve ser de outra pessoa. E nem sempre é o caso. Nem sempre haverá alguém para culpar ou alguém para assumir a responsabilidade por todos os acontecimentos. Às vezes, as coisas simplesmente acontecem, e Deus tratará com as pessoas que precisam ser tratadas no tempo dele e ponto final. Eu só precisava aceitar isso. Mesmo sem perceber, eu queria consertar todas as situações. Queria controlar o resultado porque achava que isso seria mais seguro para as pessoas que eu amava.

Essa revelação me libertou completamente do processo de transferência de culpa que eu adotara durante toda a minha vida, de maneira inconsciente e involuntária. Isso foi incrível!

Entendi que não é errado ser positiva e talvez até estar alheia em meio a uma crise, porque a verdade é que vivemos em uma realidade que é superior à realidade temporária desta terra — uma realidade onde não há crise. Estar excessivamente consciente da realidade pode atrapalhar a nossa capacidade de permanecer no Senhor e na Sua realidade superior. A chave é manter o nosso espírito alinhado com o Dele e o nosso coração preparado, porque não conhecemos o futuro.

A única maneira de fazer isso com o nosso espírito e com o nosso coração é entregando nossas vidas diariamente a Jesus e confiando totalmente que Ele tem o melhor para nós. Precisamos viver em um relacionamento diário e íntimo de espírito para espírito, em momentos de liberdade com Ele, para que quando vier o momento em que parece que o nosso mundo como conhecemos está desmoronando, a reação pré-definida do nosso espírito será adorar e não desabar.

À medida que continuava buscando a Deus e a Sua liberdade, Ele continuava a revelar áreas da minha vida nas quais eu precisava de liberdade. Quanto mais liberdade temos, melhor podemos identificar as áreas nas quais precisamos de mais liberdade, e mais natural todo o processo se torna. Comecei a restaurar meu relacionamento com minhas filhas. Pude reconhecer minhas limitações do passado, me explicar e me desculpar com elas, pedir perdão e perdoar a mim mesma. Comecei a ganhar a confiança delas, demonstrando compaixão e bondade para com minhas filhas, amando-as além da minha própria capacidade de amar. Mais do que um amor materno, aprendi a amá-las com o amor de Jesus através de mim.

Tudo que foi necessário foi o meu *sim*, minha disposição de ser vulnerável diante de Deus e intencional na busca pela liberdade, minha e delas, mesmo que eu não entendesse isso totalmente na época.

Ao longo desse processo, Deus me ensinou que abraçar a minha liberdade é permitir que Ele me mostre as áreas nas quais preciso ser livre, e confiar no tempo dele — enquanto faço a minha parte, que é seguir a Sua direção. Porque o crescimento rápido nem sempre é um crescimento saudável. Não preciso entender tudo. Apenas tenho de confiar naquele que sabe tudo.

Também aprendi que lutar pela liberdade dos outros — neste caso, minhas filhas, mas creio que se aplica a qualquer um — não é apontar as falhas deles ou tentar controlar o resultado. É vê-los através dos olhos de Deus, de maneira verdadeira e exclusiva, chamando essa nova realidade à existência na maneira como os trato e falo com eles no dia a dia. É simples? Sim! É fácil? Não. Porque, às vezes, a realidade temporária tenta se colocar no caminho, e precisamos aprender a nos manter firmes com Deus, confiando no que Ele falou.

Experimentar o amor curador de Deus de uma maneira tão amorosa sobre nossas vidas e nosso lar me levou a uma série de eventos que me libertaram de diferentes crenças limitantes que nunca percebi que possuía, ou com as quais pensava que já havia tratado. Talvez eu tivesse, mas havia mais — mais uma camada.

Compartilho tudo isso com você para dizer que tenho buscado a Deus e a Sua liberdade há muitos anos, e quando pensava estar vivendo na plenitude dela, Ele me mostrou que havia mais. Na verdade, sempre há mais. Se algum dia pensarmos que não há, como foi o meu caso, estaremos apenas nos limitando e impedindo que experimentemos o mais que Ele tem para nós.

Esta jornada foi grandemente intensificada desde que comecei a escrever este livro, e não creio que tenha sido somente por mim, mas também em seu benefício. Eu lhe encorajo a ser como os discípulos de Jesus quando ouviam ensinamentos que talvez não compreendessem, mas o espírito deles havia ganhado vida, e eles disseram: "Sim, vamos permanecer". Eu encorajo você a não tentar entender tudo, mas, em vez disso, a permitir que o Espírito Santo o conduza. Ele é muito bom nisso!

Da mesma forma que Deus estava me preparando para abraçar a minha liberdade para um tempo como este — e continua a fazer isso —, creio que Ele está preparando você para abraçar a sua liberdade para um tempo como este também! Os testemunhos carregam o espírito de profecia que convida o Espírito Santo a fazer de novo. Creio que Ele deseja libertar pessoas e restaurar áreas de suas vidas que elas nem sequer têm consciência de que precisam de restauração. Ele está querendo levá-las a um nível de liberdade que elas não imaginavam ser possível.

Talvez tudo comece com você e sua busca pessoal por liberdade. Ele tem preparado você para isso. Tudo que Ele precisa é do seu *sim*.

Ativação

Nossa primeira ativação é bastante simples. Você receberá um toque do Espírito Santo ao dizer sim a Ele na sua busca pela liberdade.

Você lerá este simples cenário, depois fechará os olhos e imaginará o cenário que está se desenrolando na sua mente.

Não se preocupe com a possibilidade de estar inventando. Você provavelmente não está. Muito provavelmente o Espírito Santo está lhe conduzindo nesse processo. Apenas siga-o.

Depois, anote cada detalhe e medite nele com o Senhor. Pergunte a Ele se há algo mais, e escreva isso em um diário também.

Imagine que você está sentado com Jesus.

Ele coloca uma mão sobre você para lhe dar a Sua sabedoria, a Sua coragem, o Seu amor, a Sua compaixão, a Sua ousadia. Ele lhe pergunta: *Você quer embarcar nesta jornada comigo por toda a vida? Uma jornada para buscar e andar em pura liberdade. A liberdade que Eu já paguei o preço para que você tivesse.*

Qual resposta você dará a Ele?

Não precisa ser um *sim* caso não se sinta pronto. Você pode dizer a Ele se não estiver se sentindo pronto e a razão de se sentir assim.

Este é um lugar seguro onde você pode ser vulnerável, aberto e honesto com Jesus.

Até que esteja pronto a dar a Ele o seu *sim*.

2

Qual é o Conceito de Liberdade do Mundo?

A maioria das pessoas não quer de fato a liberdade, porque a liberdade pressupõe responsabilidade, e a maioria das pessoas têm medo disso.

SIGMUND FREUD

Conheci um administrador que acreditava há muitos anos de todo coração ser totalmente livre. Ele era um grande líder, talentoso e com muitos dons. Vou me referir a ele como Magnus. Ele conduzia a empresa muito bem, e em muitos aspectos, eu percebia que ele tinha um desejo genuíno de ver as pessoas serem bem-sucedidas. Mas havia uma coisa que realmente impedia o seu crescimento e sua liberdade. Magnus tinha inveja dos talentos dos outros. Ele acreditava que liberdade é o direito de agir, falar ou pensar como se deseja sem qualquer impedimento ou restrição. Ele valorizava a qualidade de ser franco, aberto ou sincero, e a liberdade de expressão. E usava tudo isso para convencer as pessoas a permanecerem em um lugar que era melhor para elas. Só que esse definitivamente não era o melhor para elas. Era melhor para *ele*, porque elas faziam com que ele se sentisse ameaçado. Magnus usava o que chamava de liberdade para manipular os outros.

Por ser um grande líder, as pessoas acreditavam nele. Mas sinceramente, ele estava agindo movido pelo medo, pela insegurança e pela inveja, talvez inconscientemente. Não tenho certeza. A verdade é que ele era escravo desses sentimentos, mesmo que sem perceber. Mas liberdade significaria assumir a responsabilidade e admitir a inveja, as inseguranças e o fato de sentir-se ameaçado. E isso era assustador. Era mais seguro estar no controle. Mas controle não é liberdade, de modo algum.

Há alguma área na sua vida na qual você sente que absolutamente precisa estar no controle? Isso pode ser um sinal de perigo, uma indicação de que alguma coisa por trás da sua mente consciente merece passar por um processo de investigação juntamente com o Espírito Santo.

Existe alguém como Magnus ao seu redor? Talvez seja alguém para quem você necessite estabelecer alguns limites, ou talvez até cortar o relacionamento. E se isso não for possível, como no caso de um chefe, simplesmente tenha consciência disso.

Neste capítulo, vou compartilhar minha pesquisa acerca da palavra *liberdade* de acordo com diversos dicionários e outros livros de referência. Ao explorarmos essas definições, você entenderá o conceito que o mundo tem de liberdade e pensará: *Sim, concordo, isso é liberdade*. Pense novamente, meu amigo. Por mais que Magnus pense que é livre — e ele pode ser em muitos aspectos — ele é escravo da inveja e da insegurança de uma maneira que não apenas o impede de experimentar a plenitude do que Deus projetou para ele, como pode comprometer o ministério que Deus confiou às suas mãos.

O que é liberdade, de acordo com os dicionários?

- Liberdade é o poder ou o direito de agir, falar ou pensar como se deseja, sem impedimento ou restrição.
- Liberdade é não estar aprisionado ou escravizado.
- Liberdade é a ausência de sujeição à dominação estrangeira ou a um governo despótico.
- Liberdade é não ter qualquer restrição física e poder se mover com facilidade.
- Liberdade é o uso irrestrito de alguma coisa.
- Liberdade é o poder de autodeterminação atribuído à vontade, a qualidade de ser independente do destino ou da necessidade.

***

Exemplo de liberdade sendo usada como um substantivo: *Os prisioneiros fizeram um esforço desesperado pela liberdade.*

Sinônimos: libertação, liberação, emancipação, livramento, soltura, dispensa, não confinamento, desembaraço.

Antônimo: escravidão.

***

Outro exemplo de liberdade sendo usada como substantivo: *Uma revolução nacional era o único caminho para a liberdade.*

Sinônimos: independência, autogoverno, autodeterminação, autolegislação, autogestão, gestão local, soberania, autonomia, autarquia, democracia, autossuficiência, individualismo, separação, não alinhamento, emancipação.

Antônimo: dependência.

***

Outro exemplo: Eles desejam liberdade da responsabilidade política local.

Sinônimos: isenção, imunidade, dispensa, exceção, exclusão, liberação, alívio, suspensão, absolvição, exoneração, impunidade.

Antônimos: sujeição.

***

Outro: *A lei interferiu na liberdade de expressão deles.*

Sinônimos: direito a, direito a privilégio, prerrogativa.

***

Outro: *Os pacientes têm mais liberdade para escolher quem vai tratá-los.*

Sinônimos: escopo, latitude, margem, flexibilidade, facilidade, espaço, espaço para respirar, espaço para se movimentar, licença, rédeas soltas, carta-branca, folga.

Antônimos: restrição.

***

Outro: *Eu admiro a forma como ela age em liberdade.*

Sinônimos: naturalidade, abertura, falta de inibição, sem reservas, casualidade, informalidade, sem cerimônia, espontaneidade, engenhosidade.

***

Outro: *Ele a trata com liberdade demais.*

Sinônimos: insolência, familiaridade, excesso de familiaridade, presunção, precipitação.

***

Mais definições:

- Liberdade é a qualidade ou estado de ser livre: ausência de necessidade, coerção ou restrição de escolha ou ação, libertação da escravidão, restrição ou do poder de outro; independência.
- Liberdade é a qualidade ou estado de estar isento ou liberto geralmente de algo árduo; livre de cuidados.
- Liberdade é a qualidade de ser franco, aberto ou sincero.
- Liberdade é uma familiaridade imprópria.
- Liberdade é ousadia na concepção ou execução.

E mais outras:

- Liberdade é a condição ou direito de ser capaz ou ter permissão para fazer, dizer, pensar etc., aquilo que quiser, sem ser controlado ou limitado.

- Liberdade é o direito de agir da maneira que você acha que deve.

- Liberdades são direitos dados pela Constituição e pela Carta de Direitos (no caso dos EUA), como a liberdade de expressão, o direito de dizer e escrever o que você acredita ou pensa (com algumas limitações) e liberdade de religião, o direito de adorar ou de participar de uma religião.

O que você pensa quando lê estas definições? Para alguns de nós, algumas delas podem ser alarmantes, mas, em sua maioria, olhamos para elas e dizemos: *Sim, isto parece certo*. Nosso cérebro é treinado para pensar assim. Estamos vivendo em um país — em um mundo, na verdade — onde essas definições fazem parte da nossa cultura, e nossos cérebros são treinados para reconhecer essas definições como corretas.

Mas e se eu lhe dissesse que algumas delas contradizem literalmente o conceito de liberdade segundo a Bíblia? Isso é alarmante, porque gera uma batalha em nossas mentes entre o certo e o errado. A Bíblia é a verdade por excelência, a não ser que queiramos passar toda a nossa vida em uma liberdade que, na verdade, não é liberdade.

Vou lhe deixar com a sua própria liberdade para interpretar como quiser e para identificar as diferenças por si mesmo. Vimos como o mundo define a liberdade, o que parece comum e familiar, e logo depois da nossa ativação, veremos como a Bíblia define a liberdade. Aproveite.

Ativação

Vamos separar um instante agora e pedir ao Espírito Santo para trazer à nossa mente se há algo que precisamos saber neste momento.

Feche os olhos e imagine Jesus ao seu lado, removendo qualquer ansiedade e conduzindo você a águas tranquilas. Simplesmente respire e fique aí com Ele por um instante.

Pergunte a Ele se existe algum indicador de problema que Ele quer que você tome conhecimento. Houve algum ponto específico na pesquisa sobre liberdade segundo o mundo do qual você teve dificuldade para abrir mão?

O que Ele está dizendo ao seu coração?

Anote qualquer coisa que você acredite que Ele está lhe dizendo, mesmo que não entenda totalmente ainda.

3

Qual é o Conceito de Liberdade da Bíblia?

A verdadeira liberdade encontra-se somente quando alguém escapa de si mesmo e entra na liberdade dos filhos de Deus.

FRANÇOIS FÉNELON

Antes de me tornar crente, eu realmente acreditava que tinha tudo sob controle. Eu tinha uma profunda convicção e paixão pelo que achava que era certo, não tendo medo de defender minhas ideias, de falar com ousadia o que pensava e de brigar com quem fosse necessário. Eu achava que aquilo era liberdade. Sempre fui assim desde criança e, sinceramente, isso me meteu em encrencas mais vezes do que gostaria de admitir.

A verdade é que esses são bons traços de caráter, mas, no fundo, eu era muito cheia de mim mesma e muito arrogante. Eu era escrava da minha justiça própria.

Quando me tornei crente, um dos presentes que recebi foi a compreensão da minha identidade como filha de Deus e a aceitação da Sua paternidade, assim como de tudo que vem com ela. Milagrosamente, pude olhar para mim mesma como alguém olha para outra pessoa, a fim de analisar o que eu estava fazendo. Pude escapar de mim mesma, pelo menos até certo ponto, e entrar na liberdade dos filhos de Deus. Percebi que a minha justiça era distorcida e parcial, estando muitas vezes completamente equivocada. A *minha* justiça não era nada justa.

E eu troquei tudo isso pela justiça dele.

O problema é que alguns crentes ainda se apegam a si mesmos, aos seus conceitos, crenças e ideias. Eles temem abrir mão de tudo isso, pensando que nada mais restará.

A ideia deste capítulo é abandonar a nós mesmos — o nosso conceito de liberdade, o nosso próprio entendimento — e reconhecer Deus e os Seus caminhos, permitindo que Ele faça uma obra em nós. Creio que este é um convite para todos nós abrirmos mão de tudo que vem de nós mesmos e deixar Deus ser Deus. Deixe Deus substituir os conceitos e crenças que precisam ser substituídos.

Neste capítulo, vou apresentar a você a pesquisa bíblica que fiz sobre a palavra *liberdade*. As versões bíblicas que utilizei foram *The Amplified Bible* e *A Mensagem*. Em cada um dos versículos que apresento a seguir, encontrei a palavra *liberdade* e uma definição implícita para ela. Vou compartilhar esses versículos com você, juntamente com a definição de liberdade de cada um e um breve comentário da minha compreensão de cada versículo nesse contexto. Também usei a versão *The Passion Translation* para os comentários, para uma maior compreensão e pesquisa.

A Palavra de Deus é viva, e o mesmo versículo e a mesma passagem podem ser vistos sob muitas perspectivas diferentes. Analisei esses versículos especificamente a fim de definir a liberdade. Por favor, não confunda isso com extrair versículos isolados das Escrituras para provar um ponto de vista. Hermenêutica é a arte de permitir que a Bíblia explique e interprete a si mesma, e estamos fazendo isso aqui. É um método de estudo bíblico que utiliza a pesquisa de palavras e as habilidades da hermenêutica para encontrar a definição de uma palavra específica na própria Bíblia, sem utilizar qualquer outro recurso. Não estamos usando versículos fora de contexto; estamos simplesmente olhando para eles para definir liberdade no contexto bíblico. E mais uma vez, estou compartilhando a minha interpretação, a qual acredito ter sido inspirada pelo Espírito Santo. Você tem o direito de olhar para ela a partir de um ponto de vista diferente.

Vamos começar.

Esta persuasão [enganosa] não vem daquele que vos chamou [à liberdade em Cristo].

— Gálatas 5:8 AMP

Liberdade é a ausência do engano. A liberdade e o engano não podem coexistir, porque o engano é um fator escravizador que mantêm as pessoas em uma mentalidade que não procede de Deus. A pessoa que está enganada não sabe que está enganada, o que torna esse engano involuntário. Portanto, essa pessoa é escrava do engano.

Amo a maneira como esta passagem é traduzida na versão *The Passion Translation*:

> *Aquele que envolveu vocês com a Sua graça não está por trás deste falso ensino que vocês abraçaram. De modo algum! Vocês não sabem que quando permitem até mesmo que uma pequena mentira entre em seus corações, ela pode se espalhar para todo o seu sistema de crenças?*

— Gálatas 5:8-9, tradução nossa

Uma mentirinha que passa despercebida pode se espalhar para todo o nosso sistema de crenças e corrompê-lo completamente. E isso é sério, porque não apenas não sabemos que somos enganados quando somos enganados, como às vezes enganamos os outros sem ter intenção.

Um dia, eu estava conversando com um casal de amigos e sua filha adulta. Ela fez um comentário sobre o quanto era traumatizada com o Papai Noel. Ela contou que seus pais se esforçaram para fazer com que ela acreditasse que o personagem era real. Na noite de Natal, eles bebiam o leite, derramavam um pouco e deixavam migalhas de biscoitos espalhadas. Enquanto ela descrevia toda a cena, minha mente girava.

É claro que seus pais achavam isso engraçadinho. Eles não tinham má intenção, nem malícia no coração, mas ela foi enganada. Ela foi levada a acreditar em uma mentira. E quando descobriu a verdade, ficou arrasada. Como seus pais — as pessoas em quem ela deveria confiar — puderam mentir para ela dessa maneira?

Mais tarde, sem mencionar nenhum nome, eu conversei sobre isso com minha filha mais velha, que na época estava no segundo ano de psicologia. Juntas, nós duas calculamos o dano do trauma que esse engano inofensivo pode causar no sistema de crenças de um ser humano em crescimento. Aquela criança poderia ter desenvolvido o medo de confiar nos outros. Em seu subconsciente, ela poderia passar a acreditar que todos provavelmente mentirão para ela, e que em algum momento, todos o farão. Ou poderia ter medo de se mostrar vulnerável. Se ela foi ridicularizada quando descobriu que aquilo em que acreditava não era verdade, e que as pessoas que deveriam amá-la e protegê-la haviam mentido para ela, essa menina poderia se fechar e ter medo de ser vulnerável novamente. E é claro, não existe intimidade sem vulnerabilidade.

Consegue ver até onde essa mentirinha, embora não tão pequena, pode ir?

Não sei se algo assim aconteceu com a filha da minha amiga; eu não fui tão longe assim na conversa. Mas essas são possibilidades de como uma pequena mentira pode se espalhar por todo um sistema de crenças. E, de repente, temos uma jovem adulta que é escrava de um sistema de crenças criado sem intenção por seus próprios pais, que a amam muito, mas não sabiam fazer o que é certo. Ela não está livre para confiar, e não está livre para ser vulnerável.

Você percebe por que e como a liberdade é a ausência absoluta do engano e das mentiras? E se dá conta de como isso pode ser difícil no mundo em que vivemos, quando as mentiras e o engano são plantados em nós sem intenção, muitas vezes pelas pessoas que mais nos amam?

É por isso que estamos aqui, buscando a liberdade — porque há sempre algo mais a ser revelado a nós. É por isso que eu lhe peço para se abrir e permitir que o Espírito Santo trabalhe e faça o que Ele quer, ainda que você não entenda totalmente. Quando somos enganados, não sabemos que somos enganados. Se soubéssemos, faríamos alguma coisa a respeito, certo?

> *Porque vocês, meus irmãos, foram chamados à liberdade; porém não permitam que a sua liberdade se torne uma oportunidade para a natureza de pecado (mundanismo, egoísmo), mas através do amor, sirvam e busquem o melhor uns para os outros.*

> **— Gálatas 5:13 AMP, tradução nossa**

Liberdade é ser capaz de abraçar plenamente a natureza de Cristo em nós e de entender que o pecado não é a nossa natureza quando temos Jesus. Liberdade é amar e servir uns aos outros através do amor.

Acreditar que você é uma coisa que não é — não conhecer sua identidade — é uma forma de engano. Esse é um fator escravizador que nos impede de experimentar a verdadeira liberdade. O amor é o oposto do medo, que é o maior poder escravizador. Portanto, o amor sempre conduzirá à liberdade.

Liberdade é poder fazer tudo o que queremos e, ainda assim, querer e escolher fazer as coisas certas — não apenas para nós mesmos, mas para todos os que nos cercam — por amor. Escolhemos isso porque queremos, podemos e porque somos capacitados pelo amor, e somos livres para fazer isso.

Conforme mencionei, amo a maneira como a versão *The Passion Translation* expressa este versículo — ela diz muito de uma maneira tão linda!

Amados, Deus nos chamou para viver uma vida de liberdade no Espírito Santo. Mas não encarem esta maravilhosa liberdade como uma oportunidade de estabelecer uma base de operações no mundo natural. Liberdade significa que nos tornamos tão completamente livres da autoindulgência que nos tornamos servos uns dos outros, expressando amor em tudo o que fazemos.

A liberdade vem por sermos filhos de Deus:

... A própria criação também será liberta da sua escravidão da corrupção [e obterá entrada] na gloriosa liberdade dos filhos de Deus.

— Romanos 8:21 AMP

Deus já nos aceitou, nos adotou e fez de todos nós Seus filhos através de Jesus. Só precisamos receber e aceitar isso.

Liberdade é saber como receber, sem ter de fazer nada e sem a necessidade de dar algo em troca. Quando sentimos que todas as vezes que recebemos alguma coisa, devemos algo em troca, esta é a mentalidade de transação, a mentalidade do mundo terreno. Tudo na terra é uma transação. Se eu lhe dou algo, eu devo querer algo em troca, certo? Errado. Pelo menos, não é assim que funciona com Deus, porque Ele não opera a partir de uma mentalidade terrena nem age a partir do ponto de vista da transação. "Porque Deus tanto amou o mundo que deu o seu Filho Unigênito, para que todo o que nele crer não pereça, mas tenha a vida eterna" (João 3:16). É isso. Essa passagem não continua dizendo que agora nós temos de retribuir a Ele, cumprindo uma lista de tarefas! Ele simplesmente deu porque Ele ama.

Aprender a receber e a operar fora da mentalidade de transação é liberdade. Precisamos aprender a receber e a dar.

> *Portanto, não deixem que o que é bom para vocês [por causa da sua liberdade de escolha] seja referido como mau [por outra pessoa].*
>
> **— Romanos 14:16 AMP**

> *Vivam como pessoas livres, mas não usem a sua liberdade como desculpa ou pretexto para fazer o mal; mas [usem-na e vivam] como servos de Deus.*
>
> **— 1 Pedro 2:16 AMP**

Liberdade é saber o que é bom aos olhos de Deus, e escolher isso. Tudo que vem de Deus é bom. Saber disso e escolher isso é liberdade.

É necessário saber diferenciar o bem do mal, porque embora tenhamos o conhecimento do bem e do mal, é importante conhecer o bem *de Deus* e escolhê-lo. Nem tudo que parece bom é de Deus. E nem tudo que é bom em si será sempre a melhor escolha para nós. Liberdade é fazer as escolhas certas de acordo com a bondade de Deus. E algumas coisas que fazem parte da bondade de Deus para nós podem ser percebidas como más pelo mundo, e às vezes até pelas pessoas que estão perto de nós.

Quero compartilhar um exemplo simples que ilustrará isso. Imagine que você tenha um filho de seis anos. Ele pode pensar que sorvete no café da manhã todos os dias é bom. Na verdade, sorvete é bom.

É gostoso. Mas você, como pai ou mãe dele, sabe que uma boa escolha para o café da manhã diário seria ovos, frutas e aveia. Você o educa e ensina a ele essas escolhas.

Alguns anos se passam rapidamente, e antes que se dê conta, você tem um jovem adulto que se mudou e já frequenta a faculdade. Esse jovem adulto é livre para fazer as próprias escolhas para o café da manhã agora. Se ele escolhe sorvete todos os dias, lamento dizer que esse jovem não está livre. Ou ele está viciado em açúcar, cativo de uma mentalidade que diz "vou fazer o que quero porque ninguém vai me dizer o que fazer", ou simplesmente está sendo descuidado com a saúde. Nada disso é liberdade. Ele tem uma escolha e sabe o que é bom para ele, mas está escolhendo o que sabe que não é bom.

Tecnicamente, somos livres para fazer o que quisermos, mas nem tudo é bom para nós, e fazer coisas que não são boas para nós, só porque podemos, acabará levando à escravidão de uma forma ou outra. Ser livre para fazer tudo que quisermos e fazer as escolhas certas é a verdadeira liberdade.

Deus estabelece limites para os Seus filhos, não para nos restringir, mas para nos proteger do que está fora desses limites. Às vezes, não temos uma visão completa do bem e do mal. Temos somente um pedacinho dela, como o garotinho com o sorvete. Os limites de Deus nos protegem porque Ele vê o quadro completo.

Ora, o Senhor é o Espírito e onde está o Espírito do Senhor, ali há liberdade [libertação da escravidão, verdadeira liberdade].

— 2 Coríntios 3:17 AMP

Liberdade é ser cheio do Espírito de Deus. Ser cheio do Espírito de Deus é permitir que o Espírito Santo reine em todas as áreas de nossas vidas.

Há uma diferença entre permitir que o Espírito Santo reine — fazendo dele o Senhor de cada área das nossas vidas — e simplesmente convidá-lo para fazer parte dela. Creio que muitas vezes nós simplesmente convidamos Jesus para entrar nas nossas vidas e pedimos a Ele para cooperar conosco. Fazemos tudo que queremos, planejamos os nossos próprios caminhos e pedimos a Ele para abençoar isso. Mas o que Ele deseja é que demos espaço a Ele para reinar como Rei, como Senhor de todas as áreas das nossas vidas, e que cooperemos com Ele e sigamos a Sua direção.

Isto é liberdade: não ter de estar no controle, mas em vez disso, dar a Ele espaço para reinar.

> *Salvem outros, arrebatando-os do fogo, e a outros demonstrem misericórdia, mas com temor, detestando até a roupa manchada e contaminada por uma liberdade imoral destituída de vergonha.*
>
> **— Judas 23 AMP**

Liberdade é entender e saber que aquilo que o mundo chama de liberdade pode ser escravidão e abominação para Deus.

Muitas vezes, estamos presos às nossas próprias crenças do que pensamos ser determinada coisa — a liberdade, neste caso —, e as crenças do mundo podem nos impedir de entender totalmente o verdadeiro significado dela. Se a Bíblia diz que as pessoas estão contaminadas por uma liberdade imoral e destituída de vergonha, isso significa que algumas pessoas, mesmo naquele tempo, já tinham um conceito errado de liberdade.

Como disse o rei Salomão há muito tempo, não há nada de novo debaixo do sol. Se as pessoas tinham uma ideia tão má e corrompida do que era a liberdade há tantos séculos, há alguma possibilidade de que você e eu — ou pior ainda, os nossos filhos — possamos ter uma ideia distorcida da liberdade também? E há alguma possibilidade de que, por termos uma ideia distorcida, estejamos abraçando e vivendo a liberdade errada, e isso esteja, na verdade, nos levando à escravidão da qual talvez nem estejamos cientes? Talvez.

> *Você era um escravo quando foi chamado? Não se preocupe com isso [uma vez que o seu status como crente é igual ao de um crente que nasceu livre]; mas se você puder conseguir a sua liberdade, faça isso.*
>
> **— 1 Coríntios 7:21 AMP**

A liberdade é um estado de espírito. Nós subestimamos a importância de avaliar o que pensamos e, portanto, permitimos que nossas mentes corram desenfreadas, fazendo pouca coisa para controlá-la. Mas a realidade para os crentes em Cristo é que o nosso espírito, movido pelo Espírito Santo, está no controle da nossa mente. Isso é liberdade.

> *E por consciência, quero dizer em benefício do outro e não do seu. Pois por que a minha liberdade [de escolha] é julgada pela consciência de outro [pela ética de outro — pelo senso de certo e errado de outro]?*
>
> **— 1 Coríntios 10:29 AMP**

Liberdade é entender o que é certo aos olhos de Deus e escolher fazer isso — e não julgar os outros pelo fato de escolherem o mesmo ou não, ou por terem o mesmo entendimento e revelação ou não. Uma convicção só pode vir do Espírito Santo. Tudo que fazemos deve ser com base nessa convicção — isso é liberdade. Agimos por convicção e nunca por necessidade ou por dever religioso.

Liberdade é assumir a responsabilidade pelos nossos atos.

Liberdade é assumir o controle das nossas próprias vidas e perspectivas, submetendo-as constantemente a Deus.

Se os seres humanos apenas soubessem quanta liberdade há em assumir o controle e a responsabilidade! Imagine viver uma vida onde as ações e reações dos outros nunca afetassem o seu humor, a sua atitude ou as suas decisões. Bem, isso é, no final das contas, o que acontece quando assumimos a responsabilidade e o controle das nossas vidas. Nós nos movemos, agimos e tomamos decisões por convicção, não por desempenho ou dever religioso. Agimos e falamos conforme o direcionamento do Espírito Santo, não de acordo com os nossos próprios impulsos, e não nos preocupamos de maneira alguma com nada que está fora do nosso controle. Isso é assumir o pleno controle das nossas próprias vidas e não das vidas dos outros, sobre as quais não temos controle algum. Isso é viver em plena convicção.

Isso é liberdade. Nossas ações, reações, atitudes, humores e resultados dependem exclusivamente de nós. E sim, é possível viver assim. É uma escolha, seguida de ações consistentes em direção a essa escolha. É fácil? Absolutamente não! É muito mais fácil viver sob a ilusão completa de que podemos controlar as outras pessoas e os resultados com o nosso brilhantismo. É mais difícil, na verdade, exercer o domínio próprio que temos dentro de nós. Afinal, esse domínio próprio é apenas uma semente. Há muito tempo e esforço envolvidos até que ele cresça plenamente e se torne uma árvore madura que produza frutos.

> *Pois esta [parte de nós] que é perecível deve se revestir da [natureza] imperecível, e esta [parte de nós que é capaz de morrer] deve se revestir de imortalidade [que é a libertação da morte].*
>
> **— 1 Coríntios 15:53 AMP**

Liberdade é entender a nossa natureza em Cristo.

Quando aceitamos Jesus como nosso Senhor e Salvador, a Bíblia diz que recebemos uma nova natureza; somos recriados e passamos a ser novas criaturas. Nossa nova natureza é a natureza de Cristo, e ela está livre da morte eterna. Deus já fez isso por nós. Nossa parte é acreditar e aceitar isso, e aprender a cada dia a viver na liberdade que Ele já morreu para que tivéssemos.

> *Cristo comprou a nossa liberdade e nos redimiu da maldição da Lei e da sua condenação, tornando-se maldição em nosso lugar, pois está escrito: "Maldito todo aquele que for pendurado [crucificado] em um madeiro [uma cruz]".*
>
> **— Gálatas 3:13 AMP**

Liberdade é entender e abraçar plenamente o que Jesus fez por nós naquela cruz e aceitar que o preço da nossa liberdade já foi pago. Não há necessidade de trabalhar para pagar uma dívida que já foi paga.

Imagine que você herde uma grande casa após a morte de um parente. A casa estava financiada pelo banco, que ainda não emitiu a escritura final. Mas a casa está completamente paga, não há nenhuma dívida associada a ela. No entanto, de alguma forma, você não sabia dessa informação. Você sabe que herdou essa casa espaçosa e se mudou para lá, mas continua pagando a mesma prestação que costumava pagar pelo seu pequeno apartamento de dois quartos. Você está muito feliz! Agora você tem uma casa de seis quartos que herdou, e continua fazendo os pagamentos de um lugar simples de dois quartos. Concordo que isso seria ótimo. Exceto pelo fato de que é ainda melhor. Você não precisa pagar nada! Está tudo pago. Não há pagamentos a serem feitos, nem mesmo o que você costumava fazer pela sua antiga casa. Você não deve nada. Zero. E o banco não está confuso. Ele está esperando que você vá até lá e pegue a sua escritura, mas continua recebendo o seu dinheiro quando não existe nenhuma dívida a amortizar, porque você não deve nada.

De alguma forma, imagino que Deus se sinta assim quando nos vê tentando pagar pelas dívidas que Ele já pagou. Imagino que Ele esteja tentando gritar do Seu trono: "Ei, filha, filho, Eu já resolvi tudo! Está tudo pago! Você não precisa trabalhar duro para tentar pagar por isso. Está tudo quitado. Você está livre. Está tudo bem". Às vezes, ainda estamos em cadeias, trabalhando duro para pagar o financiamento por um apartamento de dois quartos. Liberdade é a revelação, o entendimento e a aceitação do que já foi pago por nós.

Foi para esta liberdade que Cristo nos libertou [nos livrando completamente]; portanto, permaneçam firmes e não se deixem submeter novamente a um jugo de escravidão [que um dia vocês removeram].

— Gálatas 5:1 AMP

A liberdade é sobrenatural. Ela só pode ser experimentada através de Cristo. Não existe liberdade fora dele.

A palavra *liberdade* faz parte do significado completo da palavra *sozo*, que às vezes é traduzida como liberdade, mas muitas vezes é traduzida como salvação também. Vamos nos aprofundar nesta palavra em outro capítulo, mas o ponto aqui é que a liberdade só pode ser experimentada através da nossa salvação. Ser livre é verdadeiramente um dom divino.

> *É a minha ansiosa expectativa e esperança que [olhando para o futuro] eu não me desonre nem me envergonhe em nada, mas que com coragem e a máxima liberdade de expressão, tanto agora como sempre, Cristo seja engrandecido e exaltado no meu corpo, quer pela vida quer pela morte.*
>
> **— Filipenses 1:20 AMP**

Liberdade é ter Cristo engrandecido e exaltado em todo o nosso ser.

Somos seres trinos — espírito, alma e corpo — e devemos engrandecer e exaltar Deus em todos esses três aspectos. Engrandecê-lo no nosso corpo significa não desonrá-lo ou fazer qualquer coisa que o envergonhe. Também significa cuidar bem dele.

Cuidar bem do nosso corpo sem permitir que nada nem ninguém nos envergonhe por fazer isso é liberdade. Vivemos em uma cultura que envergonha o corpo humano em muitos aspectos. Não posso sequer começar a citar todos eles. Se alguém come demais, é chamado de glutão. Se não come o suficiente, é chamada de anoréxico. Se usa roupas demais, os outros pensam que está fazendo mal a si mesmo. Se não usa roupas suficientes, é acusado de mostrar pele demais.

É como se essa geração vivesse tentando agradar pessoas que são impossíveis de agradar totalmente e, nesse processo, acaba na batalha constante de nunca ser boa o bastante.

O que lhe parece certo? O que você acha que é certo para você e para o seu corpo neste tempo? Bem, se você está em retidão com Deus — e esta é a chave — você provavelmente sabe o que é certo para você, independentemente do que o restante do mundo diga. E isso é liberdade.

O mesmo acontece com relação a cuidar da alma. Há um tabu entre os crentes que diz que os terapeutas são para pessoas fracas, e que tudo o que necessitamos é de Jesus. Concordo que tudo que precisamos é de Jesus, absolutamente! Mas enquanto estamos aqui na terra, Deus disse que não é bom que andemos sós (Gênesis 2:18). Ele criou a humanidade para a comunidade, e precisamos dos outros seres humanos para nos ajudar a crescer e para sermos curados. Cuidar das nossas almas pode muito bem incluir a ajuda de profissionais como psicólogos e terapeutas.

Procurar a ajuda que você necessita, sem sentir vergonha por isso, é liberdade — quer essa ajuda seja um terapeuta, um pastor ou apenas um amigo.

> *[Jesus] se entregou [voluntariamente] [para ser crucificado] por nós a fim de nos redimir e comprar a nossa libertação de toda maldade, e para purificar para Si um povo escolhido e muito especial para ser particularmente Seu, o qual é dedicado a fazer o que é bom.*
>
> **— Tito 2:14 AMP**

Liberdade é ser puro — ter motivos puros em nosso coração, um coração puro com intenções puras, livre de toda maldade.

Não é nossa função julgar os corações dos outros e determinar se eles são puros ou não. Devemos nos preocupar, em vez disso, com o nosso próprio coração e com as nossas motivações. Mantenha-se em exame constante diante de Deus. Se dermos permissão a Deus, Ele nos fará saber se nossos motivos são puros. Não para nos envergonhar, mas apenas um pequeno cutucão a fim de nos alinhar com os motivos dele.

Com [relação a] tudo isso, eles [os incrédulos] são ressentidos e se surpreendem com o fato de vocês não [pensarem como eles, não valorizarem os valores deles e não] andarem [lado a lado] com eles nos mesmos excessos de dissolução e liberdade imoral, e criticam, abusam e ridicularizam vocês e zombam dos seus valores.

— 1 Pedro 4:4 AMP

Liberdade é ter valores alinhados com o céu. Quando os nossos valores estão alinhados com o céu, Deus está do nosso lado. Não existem legalidades ou aberturas para o inimigo atacar. Quando os nossos valores estão alinhados com o céu, nossas ações também estão alinhadas.

Portanto, não se preocupem, nem fiquem ansiosos (eternamente inquietos e distraídos), dizendo: 'O que vamos comer?' ou 'o que vamos beber?' ou 'o que vamos vestir?' Pois os gentios [pagãos] é que correm atrás dessas coisas; [mas não se preocupem], porque o seu Pai celestial sabe que vocês precisam delas.

— Mateus 6:31-32 AMP

Liberdade é permanecer na Sua Palavra e ser obediente às instruções de Deus para as nossas vidas. Viver uma vida livre das ansiedades comuns deste mundo porque sabemos que o Deus a quem servimos é um Deus que provê. Muitos podem pensar que os mandamentos de Deus são uma prisão. Pelo contrário, os mandamentos dele — as Suas instruções, como eu as chamo — são um muro de proteção contra tudo que poderia nos escravizar. Quando permanecemos nele, andando no Seu caminho e seguindo as Suas instruções, somos livres de todos os fatores que nos escravizam. Isso nos capacita a viver como santos e não como pecadores.

Liberdade é o entendimento de que a salvação não é o nosso destino. Ela é apenas o começo. Ela é um ingresso de entrada para a plenitude de tudo que Cristo comprou para nós, para a abundância em todas as áreas das nossas vidas, para experimentarmos a vida na terra assim como ela é no céu.

> *Assim, façam suas refeições com prazer, sem se preocupar com o que alguém possa dizer, pois vocês estão comendo para a glória de Deus, acima de tudo, não para agradar a essas pessoas. Façam tudo desse modo, de todo o coração e com liberdade, para a glória de Deus. Ao mesmo tempo, não se esqueçam de agir com misericórdia. Evitem pisar no calo dos que não têm liberdade como vocês. Tenho feito o que posso para levar em consideração os sentimentos dos outros e espero que vocês façam o mesmo.*
>
> **— 1 Coríntios 10:31-33, A Mensagem**

Liberdade é conseguir honrar a Deus em cada pessoa independentemente da sua religião, das suas crenças ou da sua raça. Ver Deus nelas é liberdade. Vê-las através dos olhos de Deus é liberdade. Não temos de concordar com tudo que elas fazem para poder amá-las e vê-las através dos olhos de Deus. Vê-las através dos olhos de Deus é honrá-las.

Todos nós fomos criados à imagem de Deus. Alguns podem estar andando à imagem dele e na sua identidade em Cristo, enquanto outros podem ainda não ter chegado lá. De uma forma ou outra, deveríamos ser capazes de identificar os traços de caráter de Deus nos outros e tratá-los com amor, respeito e consideração, e não de acordo com o comportamento deles, mas de acordo com quem eles são em Deus.

Amar os outros incondicionalmente, independentemente do quanto eles sejam fáceis de amar no momento, isso é liberdade. Chamo isso de amor gratuito. Pelo fato desse amor vir de Deus para o nosso coração para as pessoas que nos cercam, ele tem pouco a ver com as pessoas em si, e muito a ver com o quanto somos livres para amá-las.

Agora veja o testemunho de Paulo e seu ensino sobre tornar-se livre:

Tentei guardar regras e me esforçar para agradar Deus, mas isso não funcionou. Então, desisti de ser um "homem da lei" para me tornar um "homem de Deus". A vida de Cristo me mostrou como fazer isso e me deu capacidade de viver assim. Eu me identifico totalmente com ele. De fato, fui crucificado com Cristo. Meu ego não ocupa mais o primeiro lugar. Pouco me importa parecer justo ou ter um bom conceito entre vocês: não estou mais tentando impressionar Deus. Agora Cristo vive em mim. A vida que vivo não é "minha", mas é vivida pela fé no Filho de Deus, que me amou e se entregou por mim. E eu não volto mais atrás. Não está claro que voltar para a velha religião de guardar regras e agradar os outros é abandonar a nova vida de relacionamento com Deus? Não posso desprezar

a graça de Deus! Se é possível ter um relacionamento vivo com
Deus apenas guardando regras, Cristo morreu em vão.

— Gálatas 2:19-21, A Mensagem

Liberdade é entender que a graça de Deus não é para vivermos no pecado. Pelo contrário, a graça de Deus nos capacita a viver uma vida de retidão. É importante entender que não temos de tentar agradar a Deus em tudo o que fazemos para sermos amados; Ele nos ama independente disso. Não me entenda mal — não estou dizendo que não precisamos nos incomodar em fazer coisas que agradam a Deus. O que estou dizendo é que não temos de agradar-lhe para sermos amados por Ele. Não se trata do nosso desempenho ou das nossas próprias obras. Trata-se da graça e do amor dele.

Ele nos criou assim como somos, e Ele ama tudo a respeito de quem somos. Não temos de tentar agradar a Ele. Em vez disso, liberdade é entender que podemos viver um estilo de vida que lhe agrada. Não uma vida de desempenho, mas de santidade. Não somos obrigados a fazer as coisas. Nós temos o privilégio de fazê-las! Porque a graça dele nos capacita a isso. Quando pensamos que temos de fazer alguma coisa, estamos automaticamente acorrentados às nossas próprias limitações. Mas quando entendemos que temos o privilégio de fazer alguma coisa porque Jesus nos capacitou, somos automaticamente livres para acessar o Seu infinito poder e força no qual podemos todas as coisas.

Portanto, considerando que Jesus passou por tudo que vocês estão
passando, e até mais, aprendam a pensar como ele. Pensem no
seu sofrimento como uma maneira de abandonar o velho hábito
pecaminoso de querer conseguir as coisas do modo de vocês. Assim,

serão capazes de viver livres para buscar o que Deus quer, em vez
de serem escravizados pelos próprios desejos.

— 1 Pedro 4:1-2, A Mensagem

Liberdade é viver para a vontade e o propósito de Deus. Isso sempre nos realizará imensamente mais do que qualquer desejo que possamos ter. Enquanto perseguimos nossos próprios desejos e esperamos conseguir tudo do nosso jeito, sempre teremos uma brecha — porque só podemos ter realização entrando no propósito de Deus para nós. A sensação de nunca sermos o suficiente nos aprisiona. Mas andar com Deus enquanto Ele revela os Seus planos e desejos para nós a cada dia nos liberta.

Portanto, contentem-se com o que são e não empinem o nariz.
A mão de Deus é forte e está sobre vocês. Ele os exaltara no tempo
certo. Vivam livres de preocupação na presença de Deus; ele toma
conta de vocês.

— 1 Pedro 5:5-7, A Mensagem

Liberdade é viver sem preocupações. Liberdade é confiar em Deus, enquanto lançamos as nossas ansiedades sobre Ele e realmente cremos e confiamos que Ele tem o melhor para nós em mente. Os cuidados e preocupações deste mundo caído são um fardo pesado demais para qualquer ser humano carregar. Eles nos deixarão cansados e esgotados se tentarmos fazer isso. Mas Deus prometeu ser aquele que cuida de nós! Ele promete "tomar conta" de nós. Confiar nessa verdade e abrir mão do fardo pesado é liberdade.

Algumas dessas definições não aliviam o seu espírito? Abrir mão dos problemas, das preocupações e das ansiedades mundanas, sabendo que temos um Deus que cuida de nós, sabendo que tudo que precisamos fazer, é aceitar o Seu amor. Que maravilha!

Talvez algumas dessas definições lhe tragam conscientização e abram os seus olhos para uma perspectiva que talvez você não tenha considerado antes — como o fato de que pequenas mentirinhas e enganos supostamente "inofensivos" não são tão inofensivos afinal. Estou certa de que pensaremos duas vezes antes de contar uma mentirinha para nossos filhos outra vez.

E tudo se resume a uma coisa: renunciar a nós mesmos e entrar na liberdade de sermos Seus filhos. Porque Ele pagou o preço por nós e pela nossa liberdade!

Ativação

Ore e medite neste salmo libertador:

Amontoe os seus problemas nos ombros do Eterno —

Ele levará a sua carga e ajudará você a sair.

Amontoe os seus problemas nos ombros do Eterno —

ele levará a sua carga e ajudará você a sair.

Ele nunca permitirá que os bons caiam em desgraça.

Mas tu, ó Deus, empurrarás os maus para um pântano sombrio.

Reduzirás pela metade a expectativa de vida dos assassinos e dos traidores.

Mas saiba que eu confio em ti.

— Salmos 55:22-23, A Mensagem

Um momento de gratidão:

Obrigado, Deus, por Tua liberdade!

Obrigado por cuidar de mim. E porque cuidas de mim, sou livre e não serei abalado.

Obrigado por Tuas promessas.

Obrigado por carregar o fardo por mim! Obrigado porque ele nunca é pesado demais para eu levar, porque Tu levas o peso em meu lugar.

Obrigado por me ajudar.

Obrigado porque não cairei em ruína, porque Tu estás comigo.

Obrigado porque tenho o Teu favor.

Obrigado porque enquanto busco a minha liberdade, Tu tens o melhor para mim em mente, e estás ao meu lado.

Obrigado porque sou livre para renunciar a mim mesmo e aos meus sistemas de crenças para abraçar toda a Tua verdade — e a liberdade de ser Teu filho amado!

Dedique tempo para fechar os olhos e imaginar que está amontoando nos ombros de Deus todos os seus problemas e todas as suas preocupações, sejam eles quais forem. Enquanto você os amontoa um a um, sinta o seu próprio peso ficar cada vez mais leve, e sinta o alívio de remover o peso.

Permita que a verdade de Deus e a liberdade dele aconteçam na sua vida agora.

Separe outro momento com Ele apenas para estar ali.

4

O Subconsciente Exerce um Papel na Nossa Liberdade

Foi para a liberdade que Cristo nos libertou.
Portanto, permaneçam firmes e não se deixem submeter no-
vamente a um jugo de escravidão.

GÁLATAS 5:1

Gálatas 5:1 é um dos meus versículos favoritos sobre liberdade. Ele fala muito comigo. Jesus pagou o preço e *nos libertou*. Está feito. Precisamos buscar esse estilo de vida de liberdade e crescimento constantes, e não nos submetermos novamente a um jugo de escravidão.

Quando cheguei do Brasil nos Estados Unidos pela primeira vez, ouvi um testemunho de alguém com quem estudei no ensino médio. Ele era viciado em drogas, e Jesus o salvou e libertou. Ele estava livre quando o conheci. Seu testemunho me impactou. Eu não era crente ainda quando o ouvi falar pela primeira vez, e isso com certeza plantou uma semente em mim. Ele era um bom sujeito. Anos depois, apesar de não ter certeza quanto aos detalhes da história, acho que uma decisão errada levou a outra, e aquele rapaz de algum modo acabou se submetendo novamente ao jugo da escravidão — não apenas ao vício em drogas que um dia havia governado sua vida, mas também outros vícios, talvez piores. Ele perdeu seu casamento, sua linda casa e o ministério que ele e sua esposa haviam construído juntos.

Esse homem era livre para fazer o que quisesse. Mas, de alguma forma, ele usou essa liberdade para algo mundano. No fim das contas, ele acabou sob o jugo da escravidão porque não permaneceu firme na vontade de Deus para a sua vida, na verdadeira liberdade que possuía. De fato, ele não entendeu por que Cristo o havia libertado.

Creio totalmente na redenção e restauração desse homem. Deus fez isso uma vez e com certeza pode fazer de novo, mas serão necessárias algumas decisões da parte dele, eu creio, para levá-lo de volta ao lugar de liberdade que um dia ocupou.

Deus não o abandonou. Esse homem não perdeu o que Deus deu a ele inicialmente. Ele apenas parou de viver naquele lugar de liberdade e paz. Ele deixou de abraçar a sua liberdade e se submeteu ao jugo da escravidão.

Neste capítulo, discutiremos um breve exemplo da contradição entre uma das definições do mundo e a definição da Bíblia para a palavra *liberdade*. Exploraremos como o conceito errado de liberdade pode levar as pessoas de volta ao jugo de escravidão. Entretanto, o ponto principal que quero discutir neste capítulo é o poder do nosso subconsciente. O entendimento disso será crucial para a leitura do restante deste livro.

Fico impressionada ao ver como algumas das definições conhecidas da palavra *liberdade* são o oposto da maneira como a Bíblia a retrata. Inacreditável! Não é de admirar que pensemos ser livres quando, muitas vezes, somos escravos da nossa própria mentalidade equivocada. Não é de admirar que estejamos andando fisicamente livres enquanto somos mentalmente escravos em muitos aspectos.

Observe essas duas definições do dicionário:

- Liberdade é o uso irrestrito de algo.
- Liberdade é o poder da autodeterminação atribuído à vontade; é a qualidade de ser independente do destino ou da necessidade.

Estas definições são o oposto do que a Bíblia diz sobre liberdade. Enquanto o dicionário diz que liberdade é não ter restrições, a Bíblia explica que podemos fazer o que quisermos, mas que nem tudo é conveniente ou apropriado para nós. Quando entendemos isso, fazer a escolha certa é um ato de completa liberdade para nós (1 Coríntios 10:23). Viver sem restrições, no final, levará à escravidão, como podemos ver na história que contei sobre o rapaz com quem estudei.

Embora a cultura do mundo diga que liberdade é autodeterminação atribuída à nossa própria vontade, a Bíblia diz que liberdade é submeter nossa vontade a Cristo e ter domínio próprio. O domínio próprio exerce um imenso papel na busca pela liberdade e no permanecer firme na liberdade que Cristo pagou um preço para termos.

Se não tivermos uma compreensão clara do que é liberdade segundo a Bíblia e de quais são essas contradições, abraçaremos algo que não apenas é contrário à vontade de Deus para nós, como também é contra a liberdade dele. E podemos estar enganados, enquanto acreditamos ser livres.

De acordo com os estudos da neurociência e de pesquisas de inúmeras fontes, somente cinco por cento dos nossos pensamentos diários são pensamentos conscientes e críticos. Isso significa que noventa e cinco por cento de tudo que fazemos é subconsciente. Não é como se não soubéssemos o que estamos fazendo, mas significa que agimos no automático. É incrível pensar que tudo que fazemos no nosso cotidiano — trabalhar, ir à escola, amar nossos filhos, cuidar das nossas famílias, ajudar amigos — se baseia quase totalmente em decisões que não fazem parte do nosso pensamento crítico. Uau!

Imagino que você esteja começando a perceber aonde quero chegar com tudo isso. Como podemos acessar esta informação, se ela não faz parte da nossa mente consciente? Como podemos fazer alguma coisa a respeito? A mente inconsciente controla nossas vidas? Bem, sim e não. Sim, considerando que nossos cérebros são projetados para poupar energia e nos colocar no piloto automático, de modo que o nosso pensamento consciente seja reduzido e nossa tomada de decisões seja "eficaz". Não, porque temos uma escolha, e falaremos disso em breve. O problema é que, quando o nosso subconsciente tem muita coisa para ser renovada e reprogramada, nosso piloto automático entra no modo sobrevivência.

A mente subconsciente inclui as nossas crenças, a nossa memória de longo prazo e as nossas reações de proteção, as quais, por sua vez, são construídas em torno do nosso sistema de crenças e das nossas memórias de longo prazo, da nossa imaginação, emoções, valores, intuição, medos e autoimagem. A mente subconsciente é responsável somente por armazenar e recuperar informação. Só isso. Ela não tem nenhuma capacidade de discernimento. A palavra *discernimento* usada aqui não tem nada a ver com os nossos dons espirituais, mas com a concepção das nossas funções cerebrais.

Um exemplo perfeito e extremo é o da mulher norueguesa que vive como um gato. A história dela virou um artigo intrigante escrito por Jay Hathaway. A mulher vive como se fosse uma gata, simplesmente porque acredita nisso. Essa é a autoimagem dela no seu subconsciente. A mente subconsciente dela é treinada para tomar decisões com base nesse sistema de crenças. Isso parece absolutamente insano, mas não é. Ela pode se sentar e discutir como viverá o resto de sua vida sendo uma gata. Este é o poder da mente subconsciente.

Nosso subconsciente pode estar tomando decisões que nos levarão de volta ao cativeiro, o que nos submete ao jugo de escravidão do qual já estamos livres. E a única maneira de mudar as decisões subconscientes é realizando uma reprogramação mental. Felizmente, isso não só é possível, mas é o que pretendemos fazer com relação à liberdade, para que as nossas escolhas nos levem a níveis mais profundos dela.

Entretanto, essa mudança é um processo consciente e requer decisões intencionais. Nos próximos passos deste livro, vamos aprender um pouco mais sobre como mudar alguns dos conteúdos do nosso subconsciente para reprogramar a nossa mente e tomar decisões automatizadas melhores.

Nem tudo que o mundo promove é meramente errado; muitas vezes, essas coisas são simplesmente más. Na Bíblia, apendemos que a maldade está presente quando a verdade é contaminada com um pouquinho de mentira. Uma verdade contaminada com um pouquinho de mentira se torna cem por cento errada.

Imagine que você está prestes a se casar e seu cônjuge escreve nos votos dele: "Prometo ser noventa e nove por cento fiel a você, querida!". Isso poderia ser um motivo para cancelar o casamento, certo? Ou pelo menos para uma conversa muito séria. "Espere um instante! Vamos falar sobre esses noventa e nove por cento antes de seguir em frente!". Não sei quanto a você, mas eu não entraria em um casamento sabendo que meu marido só é noventa e nove por cento fiel. Algumas coisas têm de ser tudo ou nada.

O mesmo acontece com definições de princípios importantes na nossa caminhada com Jesus, como a liberdade. O um por cento que não está alinhado com a Palavra de Deus pode nos levar para o caminho oposto ao que deveríamos ir.

Portanto, precisamos entender realmente o princípio da liberdade, porque Deus nos destinou a ser verdadeiramente livres. Não estou aqui para lhe dizer o que fazer ou não fazer, no que crer ou não crer. Essa não é a minha função. Ao contrário, estou aqui simplesmente para compartilhar o que aprendi. Pegue o que ler aqui, apresente tudo a Deus você mesmo, submeta tudo ao Espírito Santo, e veja o que se aplica a você e em que áreas da sua vida.

Uma das muitas coisas que aprendi na minha busca contínua pela liberdade juntamente com o Espírito Santo é que não é nossa função convencer outras pessoas de que elas não são livres em determinada área. Infelizmente, não podemos fazer isso nem por nossos próprios filhos adultos. Quando tentamos fazer algo pelos outros que só o Espírito Santo pode fazer, abrimos portas para a religiosidade. Assim, não é meu papel convencer você de nada, nem é o seu papel convencer ninguém. Oro para que o Espírito Santo continue a revelar toda a Sua verdade a nós e continue a nos trazer liberdade, porque foi para a liberdade que Cristo nos libertou.

Neste capítulo, entendemos que recebemos liberdade, e, portanto, precisamos permanecer firmes e não nos submeter novamente ao jugo de escravidão. Também entendemos que o nosso subconsciente toma a maior parte das nossas decisões, e a única maneira de mudar isso é realizando uma mudança no nosso modo de pensar. Vamos aprender a fazer isso — não se preocupe!

Ativação

Ore e peça ao Espírito Santo para trazer à sua mente consciente agora alguma área em que talvez você tenha estado no piloto automático durante toda a sua vida, sem perceber.

Eu poderia lhe dar muitos exemplos sobre mim mesma, mas um que me impactou é a maneira como eu transferia a culpa para os outros de maneira inconsciente. Eu não tinha capacidade emocional para lidar com tanta culpa no que se referia aos meus entes queridos, de modo que, sem perceber, a transferia para os outros sempre que enfrentava situações em que sentia culpa, como mencionei anteriormente.

A verdade é que não sou culpada. Embora minhas escolhas possam ter afetado as pessoas que me cercam, elas ainda são indivíduos independentes. São plenamente capazes de tomar as próprias decisões, e eu não sou responsável por elas nem por suas decisões. Portanto, as consequências não são culpa minha. Por isso, não preciso transferir a culpa. Posso conversar sem me sentir culpada com as consequências das escolhas delas e simplesmente dar conselhos.

Isso foi extremamente libertador para mim. Talvez isso seja um pouco mais profundo do que você deseja ir. Ou não! Este é apenas um exemplo para ilustrar a atividade. Vou deixar você com o Espírito Santo agora. Divirta-se.

PASSO II

ABRACE A LIBERDADE A PARTIR DE UM LUGAR DE VITÓRIA

Porque não estamos lutando para ter vitória.
Estamos lutando a partir da vitória.

DR. TONY EVANS

Estamos lutando a partir de um lugar de vitória porque somos vencedores em Jesus. Ele já venceu a guerra por nós. Está consumado. Completo. Selado no céu. A vitória, portanto, é a nossa posição. É o nosso ponto de partida.

A liberdade é parte dessa vitória. Embora estejamos buscando a liberdade, ela já é nossa, porque Jesus já pagou o preço para que a tivéssemos. Tenha isso em mente, pois retomarei isso mais tarde.

Há quatro capítulos neste passo. Falaremos sobre como, quê e quando. Será muito prático e nos dará uma percepção acerca de como reprogramar o subconsciente. Então, veremos como Jesus era livre para amar — e nós também somos. Entenderemos o que está tentando nos impedir de ser livres. Finalmente, veremos que há graça para a nossa jornada!

Você encontrará ativações no final de cada capítulo, o que ajudará a praticar os ensinamentos, a ter um encontro com Jesus e a ter uma experiência com o Espírito Santo.

5

Porque Somos Vitoriosos, Nós Podemos! Então... Como, Quê e Quando?

A liberdade é uma das aspirações mais profundas e mais nobres do espírito humano.

RONALD REAGAN

O ex-presidente Reagan falou muito bem! A liberdade é o maior e mais profundo desejo humano.

Desde o momento em que nossos filhos aprendem a andar, nós os vemos querendo andar livremente sem segurar a mão da mamãe. À medida que crescem, podemos assisti-los buscando liberdade para fazer cada vez mais coisas sozinhos. Eles aprendem a se alimentar, tomar banho e depois — segurem seus corações, pais! — até a dirigir sozinhos.

Como adultos, continuamos sentindo essa necessidade constante e buscamos a liberdade, mas a liberdade que encontramos nunca parece nos satisfazer plenamente. Os casais acabam se divorciando porque querem liberdade. As famílias se dividem e seguem caminhos separados em busca de liberdade, e as igrejas parecem fazer o mesmo. E qual é o resultado? Muito provavelmente, acabamos onde começamos — só que agora, um pouco mais quebrados e sozinhos.

Nascemos com um desejo que parece quase impossível de satisfazer.

No começo, Deus nos criou para ser livres. Um desejo e uma necessidade de liberdade foram embutidos no nosso DNA. O próprio Deus é livre, e como fomos criados à Sua imagem, também fomos criados para a liberdade — tanto para fazer escolhas quanto para sermos quem Deus nos criou para ser sem restrições ou limitações. Essa é a essência do DNA que Deus nos deu.

Mas por que Deus nos criaria com uma necessidade que não pode ser satisfeita? Por que Ele colocaria no nosso DNA um desejo de liberdade que surge quando saímos do ventre? Essa necessidade parece causar muita dor e confusão.

No entanto, a confusão não é culpa de Deus. Ela surge por causa do nosso conceito errado de liberdade. A confusão vem com a queda da humanidade, e não com a criação da humanidade por Deus.

Como exploramos anteriormente, a definição do mundo da palavra *liberdade* é mais sobre independência do que sobre liberdade em si. E a nossa independência nunca foi plano de Deus. Ele não nos criou para ser independentes nem nos deu esse DNA. A independência é apenas uma distorção da versão original do DNA da liberdade que Deus nos deu. Ele quer que sejamos livres enquanto dependemos dele e da direção do Espírito Santo em nossas vidas. E isso faz uma enorme diferença. O desejo de liberdade com o qual nascemos é mal interpretado e corrompido há tanto tempo que não podemos escapar das consequências.

A boa notícia é que podemos reverter essa corrupção — e faremos isso. Na verdade, você já iniciou esse processo através das revelações que teve enquanto lia a pesquisa sobre a palavra liberdade. Neste capítulo, vamos continuar a descobrir a busca pela liberdade — agora a partir de um lugar de vitória.

O Como

Vamos começar a entender *como* podemos satisfazer a maior necessidade e desejo humano intrínseco — liberdade. A verdadeira liberdade, e não a independência. Discutimos anteriormente como noventa e nove por cento das nossas escolhas são feitas pela nossa mente subconsciente e concluímos que mudar parte dessa programação mudaria a maneira como vivemos. Bem, agora vamos entender como mudar a nossa programação subconsciente para tomarmos decisões melhores. É bem simples. Eu disse simples, não fácil.

Não se amoldem ao padrão deste mundo, mas transformem-se pela renovação da sua mente, para que sejam capazes de experimentar e comprovar a boa, agradável e perfeita vontade de Deus.

— Romanos 12:2

Simples, mas muito difícil.

Minha irmã, a Dra. Poincyane Assis-Nascimento, é neurocientista. Ela explica que nossos cérebros têm vias pelas quais nossos pensamentos viajam livre e continuamente. É como se os nossos padrões de pensamento anteriores tivessem construído uma estrada bem projetada que abre caminho sinuosamente em meio a uma densa floresta. Construir um novo sistema de crenças e um novo padrão de pensamento é como pavimentar um caminho novo e diferente em uma floresta inexplorada e não trilhada. Consegue imaginar isso? Você criou uma imagem mental dessa nova via expressa lindamente asfaltada ou de você irrompendo pelas árvores e arbustos mais altos que você? Quero que você crie essa imagem na sua mente. Porque agora, para criar um novo sistema de crenças — para realizar uma mudança em nossa programação subconsciente — precisamos usar um facão e abrir um novo caminho através dessa floresta selvagem e emaranhada, desbravando cada passo que damos. Sempre que temos aquele pensamento outra vez, precisamos ser intencionais sobre guiar esse pensamento pelo novo caminho que estamos começando a construir, em vez de permitir que ele viaje livre e automaticamente por aquela antiga estrada com buracos que está ali há gerações. E é assim que, com o tempo, mudamos as nossas programações e construímos uma nova estrada, reta e clara.

Assim que o novo acesso estiver pronto para ser usado, é preciso voltar e jogar um pouco de terra na velha estrada para garantir que nenhum outro pensamento passe por ela. Depois coloque uma grande placa dizendo "Rodovia Interditada" com uma seta que leve seus pensamentos a fazerem um retorno para o novo caminho que você construiu. O processo é simples, mas trabalhoso e exaustivo. Sem mencionar que requer intencionalidade. Entretanto, o resultado é que você experimentará a boa, perfeita e agradável vontade de Deus na sua nova estrada. Isso é liberdade! E ela definitivamente vale todo o esforço.

Pesquise livros de neurocientistas — minha irmã deve publicar algo em breve — sobre a renovação da mente e tenha uma versão bem mais aprofundada da minha explicação bastante simplificada. Mas, em poucas palavras, é isso. Sou totalmente a favor de termos o pleno conhecimento e explicação das coisas, mas, por favor, não tente complicar as coisas em excesso só porque elas são difíceis. Ficou claro? Simples e fácil são duas coisas diferentes. Vejo que as pessoas às vezes complicam demais as coisas para mascarar subconscientemente que elas não querem se dar o trabalho de fazer as coisas simples. Não faça isso! Comece a se esforçar e você verá os resultados! As coisas mais simples são geralmente as mais difíceis de fazer. Simples não significa fácil.

O que amo na Palavra de Deus é que ela é viva, aplicável e fundamentada em princípios infalíveis. Quando seus princípios são aplicados, temos a garantia de que eles funcionam — tanto que é possível ver pessoas que nem são crentes seguindo princípios bíblicos e colhendo grandes benefícios. Por quê? Porque os princípios são infalíveis e Deus é fiel a eles.

O nosso foco aqui é o princípio da renovação da mente. Você renova a sua mente na Palavra de Deus, você gera novos sistemas de crenças, e o resultado é experimentar e viver a vontade boa, perfeita e agradável de Deus para a sua vida. É o que a Bíblia diz. Este é o princípio, a aplicação e o resultado — a promessa de Romanos 12:2.

O princípio de renovação da nossa mente é a chave para destravar nossa jornada de libertação um passo de cada vez. Cada passo se constrói com base no anterior. Tudo muda quando substituímos as nossas crenças erradas ou antigas sobre liberdade por novas crenças mais precisas e mais saudáveis. Nossas escolhas e padrões de comportamento começarão a refletir essa mudança. A princípio, pode parecer estranho e talvez antinatural, afinal, o novo comportamento está em oposição às nossas crenças subconscientes. Mas ele se tornará permanente à medida que exercitamos o nosso novo entendimento, mudando as nossas decisões e comportamentos, forçando-os a entrar em alinhamento com o nosso novo sistema de crenças. Mudaremos o nosso subconsciente e transformaremos a nossa programação. Se continuarmos a fazer isso repetidamente, logo ele se tornará um sistema de crenças para substituir o anteriormente estabelecido. Podemos repetir conscientemente este processo em diferentes áreas da vida em que não estamos vivendo em liberdade completa.

Basicamente, foi exatamente isso que fiz ao me descobrir na falta total de liberdade que mencionei anteriormente. Quando meu mundo desmoronou, tive de renovar a minha mente com relação ao que é a liberdade — mais ainda do que o que já havia feito até aquele ponto —, e depois tive de buscar mais renovação mental quanto a outras coisas que me limitavam.

Sugiro que comecemos com o conceito geral de liberdade. Dependendo de onde você está na sua jornada rumo à liberdade, terá mais ou menos trabalho a fazer. Depois disso, vamos seguir em frente para outros conceitos ou áreas em nossas vidas. Pelo fruto que vemos em cada área das nossas vidas — fruto bom ou ruim —, podemos identificar em que áreas não estamos vivendo em liberdade.

Sente-se com o Espírito Santo por um instante e escolha uma área da sua vida que você deseja ajuda para analisar. Depois, simplesmente peça a Ele para lhe dar discernimento.

Exemplos de frutos ruins podem ser um padrão de abuso nos nossos relacionamentos, não conseguirmos comunicar adequadamente os nossos sentimentos e emoções ou ser vulneráveis — ser incapazes de nos conectarmos com os outros em um nível mais íntimo, às vezes até mesmo com nosso cônjuge e nossos filhos. Os relacionamentos sempre estão em um nível mais superficial do que gostaríamos que estivessem, e talvez não sejamos capazes de apontar por que ou como aprofundá-los.

Talvez o fruto ruim apareça como uma necessidade de controle. Queremos controlar o resultado das situações, ou controlar as pessoas ou o comportamento delas. Talvez haja uma necessidade extrema de controlar a sua agenda e cada minuto do seu dia. Rotinas são ótimas, mas a necessidade extrema de controlá-las pode indicar um fruto ruim.

A questão é que quando começamos a substituir o conceito geral de liberdade no nosso subconsciente e começamos a nos esforçar para renovar a nossa mente nessa área geral, podemos começar a resolver as coisas. Pode haver outras áreas em que já identifique frutos que não goste ou deseje, mas ao ter renovado o seu conceito geral de liberdade, alguns deles talvez sejam alinhados sem qualquer trabalho extra.

Na próxima seção dentro deste capítulo — quando falamos sobre *o quê* —, discutiremos o único ponto mais importante a ser entendido como crente a fim de ser completamente renovado. Partindo disso, tudo o mais se torna possível. Embora não seja fácil! Você se lembra do facão em ação abrindo uma estrada nova na floresta? Não é fácil, mas é possível.

Sei que o Espírito Santo já está fazendo uma obra profunda em você, revelando e desvendando verdades dentro do seu espírito que talvez nunca tenha enfrentado. Precisamos estar humildemente abertos para mais revelações de Deus em nossas vidas. Aplicar é igualmente importante, mas poderíamos gastar uma vida inteira em uma grande ativação e aplicação de uma verdade errada ou incompleta se não formos humildes e abertos a uma maior revelação da verdade de Deus, a qual nos leva à vontade perfeita dele para as nossas vidas. Assim, a combinação de humildade com aplicação nos leva mais rápido e mais profundo no nosso crescimento pessoal e no nosso relacionamento com Jesus.

O Quê

Entendemos — pelo menos teoricamente — *como* podemos ser mais livres. Se as nossas escolhas e decisões se baseiam no nosso subconsciente, então precisamos fazer com que ele que trabalhe em nosso favor, e não contra nós. Precisamos garantir que o nosso sistema de crenças e os nossos entendimentos profundos estejam enraizados na Palavra de Deus, e não em alguma mentira distorcida na qual nem sequer percebemos que acreditamos.

Agora, *o quê*. O primeiro e talvez mais importante passo que precisamos dar na nossa jornada em busca da liberdade é entender o que aconteceu na cruz. Qual é a extensão das bênçãos que Jesus morreu para nos conceder?

Na cruz, Jesus nos salvou e morreu por nós, não apenas para nos livrar do pecado e nos dar um lugar no céu. Só isso já teria sido suficiente! É maravilhoso e impressionante! Mas, se isso fosse tudo, o mundo podia ter acabado e poderíamos todos ter simplesmente morrido ali mesmo, porque a missão estaria cumprida. Mas havia mais! *Há* mais!

A palavra grega que geralmente é traduzida como salvação no Novo Testamento é *sozo*. Ela tem múltiplos significados, todos dando mais detalhes sobre o que Jesus fez por nós na cruz. *Sozo* pode ser traduzida como salvação, cura, restauração e libertação, e ela possui um significado ainda mais profundo quando colocada em seu contexto:

> *[Jesus] se entregou pelos nossos pecados a fim de nos resgatar desta era má, segundo a vontade do nosso Deus e Pai.*

> **— Gálatas 1:4**

Amo este versículo porque ele resume o que acontece quando somos salvos. Somos libertos desta era perversa e nos tornamos livres para viver de acordo com a vontade de Deus. Maravilhoso! Profundo! Você talvez diga: "Pensei que ser salvo fosse ser perdoado pelos meus pecados, livre do castigo da morte eterna e poder ir para o céu". Sim, mas há mais. Sem dúvida, a salvação é o milagre mais incrível que Deus já realizou. E ela abrange e inclui muito mais do que costumamos entender.

Jesus se entregou pelos nossos pecados para que pudéssemos ser libertos *desta* era perversa — não apenas da que está por vir (a morte eterna). O que é esta era perversa? Tudo que você pensa que é mau neste mundo, Jesus morreu para nos salvar disso. Isso não significa que quando dizemos sim a Ele, nunca mais experimentaremos o mal. Significa que Ele abriu um mundo de possibilidades superiores para nós acessarmos. Uma realidade livre do mal.

A revelação dessa verdade é absolutamente espantosa para mim. E ela vem com a nossa salvação. Quando dizemos sim a Jesus, temos acesso à realidade do céu, como podemos ver no modelo de oração de

Jesus em Mateus 6, quando Ele ensina os discípulos a orar para que a vontade do Pai seja feita em nossas vidas, assim na terra como no céu. A realidade no céu é uma realidade superior, livre do mal deste mundo em que vivemos, e a salvação nos dá acesso a essa realidade agora — e não quando morrermos um dia.

Muitos crentes têm uma compreensão incompleta do que Jesus fez por nós através da Sua morte, sepultamento e ressurreição. Eles acreditam que isso só afeta a dimensão espiritual e eterna. Mas Jesus também veio para nos libertar deste mundo mal e para nos dar uma vida de liberdade e abundância aqui na terra. Não somos apenas salvos do inferno, dos nossos pecados e da punição futura; Jesus veio para libertar, proteger e prover para nós neste mundo físico.

Para ilustrar o quanto a palavra *sozo* é rica no sentido do que Jesus fez por nós, vejamos como essa palavra é traduzida em alguns versículos. Começando com alguns dos versículos onde a palavra é traduzida como "salvar", referindo-se ao perdão de pecados.

> *Ela dará à luz um filho, e você deverá dar-lhe o nome de Jesus, porque ele salvará [sozo] o seu povo dos seus pecados.*
>
> **— Mateus 1:21**

> *Visto que, na sabedoria de Deus, o mundo não o conheceu por meio da sabedoria humana, agradou a Deus salvar [sozo] aqueles que creem por meio da loucura da pregação.*
>
> **— 1 Coríntios 1:21**

Portanto ele é capaz de salvar [sozo] definitivamente aqueles que, por meio dele, aproximam-se de Deus, pois vive sempre para interceder por eles.

— Hebreus 7:25

Também há vezes em que essa mesma palavra grega é traduzida como "curar".

E [Jairo] lhe implorou insistentemente: "Minha filhinha está morrendo! Vem, por favor, e impõe as mãos sobre ela, para que seja curada [sozo] e viva".

— Marcos 5:23

Sozo, neste caso, refere-se à cura física assim como à ressurreição dos mortos. A filha de Jairo morre, como conta a história, e Jesus a ressuscita (Marcos 5:35-43).

Sozo também se aplica à libertação de demônios:

Os que o tinham visto contaram ao povo como o endemoninhado fora curado [sozo].

— Lucas 8:36

Ninguém conseguia segurar aquele homem. Ele era conhecido por ser perigoso e incontrolável e costumava quebrar as correntes que o prendiam. Às vezes, a libertação de demônios é necessária para alguém receber cura e liberdade completa. Que ótima notícia! Isso está embutido na palavra *sozo* e, portanto, na nossa salvação.

Eis um exemplo clássico do poder salvador de Cristo se manifestando em nossas vidas como cura e perdão de pecados, com restauração completa.

> *E a oração feita com fé curará [sozo] o doente; o Senhor o levantará. E se houver cometido pecados, ele será perdoado.*
>
> **— Tiago 5:15**

Sozo também é traduzido como cura no sentido de "ser restaurado":

> *Voltando-se, Jesus a viu e disse: "Ânimo, filha, a sua fé a curou [sozo]!" E desde aquele instante a mulher ficou curada [sozo].*
>
> **— Mateus 9:22**

Com fé, aquela mulher tocou a orla das Suas vestes e recebeu cura. Ela foi restaurada. Mais uma vez, a palavra grega que indica perdão de pecados é aplicada à cura física.

Essa mesma cura, conforme registrado no Evangelho de Marcos, revela que pouco antes dessa mulher estender a mão para tocar em Jesus, ela disse a si mesma:

> *Se eu tão-somente tocar em seu manto, ficarei curada [sozo].*
>
> **— Marcos 5:28**

Salvação significa não apenas perdão de pecados como inclui cura do corpo e da mente. Isso inclui libertação, liberdade, prosperidade financeira e cura. Muitos crentes na igreja moderna interpretaram salvação como sendo apenas perdão de pecados. Embora esteja incluído, essa é uma interpretação e uma compreensão incompleta do que o nosso Senhor fez por nós. Cristo morreu para comprar o perdão dos pecados, a nossa redenção do pecado e da consequência dele, que é a morte eterna. Isso é uma verdade, pois Ele de fato fez isso. Mas também morreu para nos livrar de toda doença, enfermidade, depressão, pobreza, falta de plenitude e de tudo o mais que não faz parte do nosso novo ser nele — tudo que é mau. Jesus morreu para nos salvar do mal deste mundo.

Paulo é claro com relação à nossa expiação e à nossa redenção da pobreza:

> *Pois vocês conhecem [mais claramente] a graça de nosso Senhor Jesus Cristo [Sua bondade surpreendente, Sua generosidade, Seu favor gracioso] que, sendo rico, se fez pobre por amor de vocês, para que por meio de sua pobreza vocês se tornassem ricos (abundantemente abençoados).*

— 2 Coríntios 8:9

Jesus se tornou pobre para que nós, por meio da Sua pobreza, pudéssemos nos tornar ricos, abundantemente supridos. Pela morte, sepultamento e ressurreição de Cristo, Deus supriu tudo que necessitamos nesta vida e na vindoura — perdão de pecados, cura, libertação, liberdade e prosperidade.

Deus é tão bom! Ele realmente pensa em absolutamente tudo.

A salvação é a ressurreição da pessoa que Deus nos criou para ser antes da fundação da terra, antes da queda do homem. É a ressurreição do seu plano original para a humanidade. É liberdade! E ela está disponível a cada ser humano.

Porque Deus nos escolheu nele antes da criação do mundo, para sermos santos e irrepreensíveis em sua presença.

— Efésios 1:4

Porque somos criação de Deus realizada em Cristo Jesus para fazermos boas obras, as quais Deus preparou de antemão para que nós as praticássemos.

— Efésios 2:10

Deus sabia exatamente o que nós seríamos. Ele sabia exatamente quais seriam os nossos pontos fortes, nossos dons e talentos, e considerou tudo isso cuidadosamente. Primeiro, Ele nos planejou, nos imaginou e nos amou. Depois de fazer isso, criou a terra tendo a nós — Sua obra-prima — em mente. Deus criou a terra para ser um ambiente perfeito para nós. Pense nisso. Ele colocou o sol e a lua e todas as estrelas e galáxias exatamente onde estão para criar o ambiente perfeito para vivermos e nos desenvolvermos. Isso é impressionante; fico maravilhada sempre que penso nisso.

Quando a queda do homem aconteceu, ela trouxe morte a todas as coisas que Deus nos criou para ser, todos os planos dele para nós. Fomos condenados à morte espiritual eterna assim que Adão e Eva comeram do fruto proibido. Mas Deus tinha um plano de redenção para nos salvar, e Ele enviou o Seu Filho Jesus para levar sobre si todos os nossos pecados, nos perdoar, nos libertar, nos curar — para nos *"sozo"*! Quando Jesus morreu na cruz, a velha versão caída de nós morreu com Ele. E ao ressuscitar três dias depois, nós ressuscitamos com Ele, novinhos em folha! Vitoriosos! Os planos originais de Deus para nós foram ressuscitados com Jesus. A nossa identidade original ressuscitou com Jesus, e Ele nos chama de Sua nova criação em Cristo Jesus. Somos mais poderosos do que nunca, porque agora conhecemos o bem e o mal e podemos escolher o bem por causa do nosso amor por Ele. A posição em que estamos e o lugar de onde abraçamos diariamente a nossa liberdade é a *vitória*.

Uau! Sempre serei humildemente grata por essa realidade. Uma realidade que Ele nos deu como um presente, de graça — e está disponível a qualquer um que creia nela e a confesse.

> *Pois vocês são salvos pela graça, por meio da fé, e isto não vem de vocês, é dom de Deus; não por obras, para que ninguém se glorie.*
>
> **— Efésios 2:8-9**

> *Se você confessar com a sua boca que Jesus é Senhor e crer em seu coração que Deus o ressuscitou dentre os mortos, será salvo. Pois com o coração se crê para justiça, e com a boca se confessa para salvação.*
>
> **— Romanos 10:9-10**

Deus já fez o trabalho difícil que nós não poderíamos fazer por nós mesmos. A nossa parte agora é simples: crer nela e confessá-la.

Se, por alguma razão, você nunca confessou essa verdade, vá em frente e faça isso agora. Confesse com a sua boca que Jesus é Senhor, que Ele morreu para lhe salvar, e creia de todo o coração que Deus o ressuscitou dentre os mortos. Creia que, com a Sua ressurreição, os planos dele para você também foram ressuscitados. Não importa como foi o seu passado, Ele ressuscitou a versão de VOCÊ que é inculpável, justo, belo e perfeito. A versão de *você* que estava no coração e na mente dele antes da fundação do mundo.

Creio verdadeiramente que se Deus pode fazer um milagre grande o bastante para me salvar do reino das trevas — onde eu um dia vivi, me trazendo para o reino da luz — e me usar para ajudar outros a serem livres, Ele pode fazer qualquer coisa. E essa crença me move a cada dia. Oro para que você sinta o mesmo.

Agora entendemos verdadeiramente o *quê*. A salvação é o ingresso que nos dá acesso a uma nova vida com Cristo como novas criaturas, a nova criação dele. É uma vida cheia de verdade, vida e luz! A salvação não é o nosso destino; ela não é o fim. Ela é o começo, o ingresso de entrada ao resto das nossas vidas como seres humanos vitoriosos. A salvação é o milagre que nos libera para a vida eterna e para uma vida de abundância que começa aqui na terra. A salvação libera o milagre de experimentar a vida assim na terra como ela é no céu. É paz além da compreensão humana e é uma realidade superior que se tornou possível para nós através de Jesus.

Porque somos livres, podemos nos posicionar como vitoriosos na nossa salvação e buscar a liberdade, não como vítimas lutando pela vitória, mas como vencedores atuando *a partir* da vitória.

O Quando

Quando seremos livres? Bem, tecnicamente, já somos. A liberdade que temos em Jesus já foi paga. Ela já é nossa. O que nos resta é aprender a viver nessa liberdade, à qual me refiro como abraçar a liberdade, ou seja, aprender a viver um estilo de vida de liberdade.

Os dons não são merecidos. Eles não podem ser conquistados; eles precisam ser aprendidos. É importante entendermos isso, porque não estamos em busca de algo que está fugindo de nós. Estamos em busca de algo a partir de um lugar de vitória, de algo que *já conquistamos*. Geralmente gastamos nossas vidas tentando entender como conquistar os dons que já nos foram dados, quando, em vez disso, deveríamos aprender a usar e a andar nos dons que já são nossos.

Imagine que você vai comprar um carro para o seu filho de treze anos. Foi um ótimo negócio. Você sabia que os preços dos carros estavam subindo, então aproveitou as condições do mercado e a oferta, seguiu em frente e comprou o carro para o seu filho, sabendo que dentro de apenas mais alguns anos ele teria uma carteira de motorista e começaria a aprender a dirigir. Esse carro já é dele — você o comprou para ele. Não há nada que seu filho precise fazer para conquistá-lo, porque é um presente. Mas ele precisa aprender a dirigir antes de usar o presente. E se ele decidir ser um pouco preguiçoso e não tirar a carteira de motorista? Bem, ele retardará o uso do presente. Isso significa que ele não merecia ganhá-lo? Não, pois ele não precisava merecer algo que já lhe pertence. Mas isso não significa que ele já sabe como usá-lo. O carro está estacionado, sem uso, porque seu filho não sabe como usá-lo.

E se ele for super motivado, tirar a carteira de motorista assim que tiver idade para isso e aprender depressa? Isso significa que ele mereceu receber o seu presente rapidamente? Não, ainda assim, ele não precisou merecer, pois já era dele. Isso significa apenas que ele aprendeu depressa e fez bom uso de um presente que já possuía.

Você está entendendo. Nada que o seu filho tenha feito ou deixado de fazer muda o fato de que ele já possui o carro. De uma forma ou outra, ele não teve de merecê-lo. Do mesmo modo, a liberdade que

Deus nos deu, a liberdade pela qual Jesus pagou um preço, já é nossa, pois foi um presente. Nós não tivemos de fazer nada e continuamos não precisando fazer nada para conquistá-la. Precisamos aprendê-la. Precisamos aprender a andar nessa liberdade, viver nela e dirigi-la!

A busca pela liberdade é uma jornada de vida. Jesus já concluiu a parte dele; a obra da cruz está feita. Jesus não vai morrer novamente! Essa parte foi consumada. Mas ainda estamos no caminho. Enquanto estamos aqui na terra, estamos buscando o Senhor e a liberdade e a vida que Ele morreu para que tivéssemos.

Estamos crescendo de glória em glória. A jornada, o processo e o aprendizado nos equipam para cada um dos passos seguintes e para as promessas de Deus para as nossas vidas. Se entrássemos direto nas promessas sem a jornada, não estaríamos equipados para permanecer lá. Seria como a criança dirigindo o carro sem saber como. Portanto, vamos desfrutar da nossa jornada... do processo... do aprendizado... do crescimento!

Ativação

Esta será uma ativação em muitos passos, portanto não tenha pressa. Não se sinta como se tivesse de fazer alguma coisa. Você é livre! Faça isso no seu próprio ritmo — se quiser e como quiser. Tenha em mente que todas essas ativações são destinadas a gerar interação entre o seu espírito e os ensinamentos em um nível mais profundo. Não se trata de uma tarefa ou de uma lista de atividades!

— Se você nunca entregou sua vida a Jesus e o declarou como seu Senhor e Salvador, ou se sente que precisa de uma reconciliação, vá em frente e faça isso agora se quiser. Com as suas próprias palavras, confesse isso com a sua boca e declare que Ele tem o senhorio sobre cada área da sua vida.

— Reveja o Passo I e anote as definições do mundo para a palavra liberdade que soam como liberdade para você. Pergunte ao Espírito Santo se existe alguma distorção nessa definição ou qualquer sistema de crenças atrelado a ela que precise ser substituído no seu subconsciente. Peça a Ele para lhe ajudar a ver isso a partir do ponto de vista dele.

— Ainda enquanto revisa o Passo I e as definições bíblicas, peça ao Espírito Santo para destacar alguns versículos sobre liberdade para você. Anote-os. Pergunte a Ele por que Ele os destacou para você. Passe tempo meditando nisso.

— Peça ao Espírito Santo para lhe ajudar a começar o trabalho de trilhar esse novo caminho na sua mente para redefinir a liberdade (fazendo uma mudança na sua programação subconsciente). Comece recitando e meditando diariamente nos versículos que Ele destacou para você. Faça isso por alguns dias até que se sinta direcionado a procurar um novo versículo ou a fazer algo diferente.

6

Porque Somos Vitoriosos, Somos Livres para Amar

A Boa Notícia: Use o seu poder e a sua liberdade para sempre se lembrar de amar os que o cercam.

ADAPTADO DE GÁLATAS 5:13

Mas eu lhes digo: Amem os seus inimigos e orem por aqueles que os perseguem,

JESUS, em MATEUS 5:44

Tenho uma irmã três anos mais nova que eu. Quando eu era adolescente, ela começou a namorar um rapaz seis anos e meio mais velho que ela. Eu o conhecia do meu colégio, mas ele era mais velho que eu.

Ela o conheceu na minha casa, em uma das minhas festas. Sim, eu dava muitas festas! Então, eu me sentia bastante responsável por esse relacionamento. Além disso, ela é a minha irmãzinha, e nós não tínhamos um pai fisicamente presente aqui nos Estados Unidos. Por isso, na minha mente, era minha responsabilidade protegê-la.

Como minha irmã era muito jovem, minha mãe estava preocupada com a diferença de idade entre eles. Descobrimos que ele era filho de um casal de pastores que havia vindo do Brasil para plantar uma igreja. Minha mãe logo encontrou um jeito de conseguir o contato deles e começou a ligar para os pais do rapaz, para expressar sua insatisfação com aquele namoro. Levei minha mãe de carro até a casa deles para buscar minha irmã algumas vezes e ajudei a expressar o seu descontentamento. Tenha em mente que, nessa época, ninguém da minha família havia entregado a vida ao Senhor ainda, de modo que as palavras que usávamos e a maneira como falávamos talvez não tenham sido muito gentis — principalmente no meu caso. Não me lembro exatamente das coisas que eu disse, mas digamos que nunca tive problemas em expor minhas opiniões em voz alta. Muito alta!

Anos depois, minha irmã se casou com aquele rapaz do meu colégio. Agora ele é meu cunhado favorito e eu o amo de todo o coração. Através desse relacionamento, toda a nossa família conheceu a Cristo.

Mas o que quero focar nessa história são os pais dele, o casal de pastores que vieram do Brasil para plantar uma igreja aqui e que provavelmente eu tratei mal repetidamente quando era adolescente. Eles foram as pessoas que mais oraram por mim e mais me amaram além de minha mãe e minha irmã.

Só conheci a Cristo alguns anos depois de minha irmã. Eu tinha o coração um pouco endurecido, era um pouco rebelde. Ao longo desses anos de rebelião, passei por alguns períodos difíceis. Aquele casal do Brasil demonstrou amor incondicional pela minha vida nesses períodos, de uma maneira que jamais esquecerei. Eles me amaram quando eu era impossível de amar. Quando eu era arrogante e vivia no engano, orgulhosa demais para ver qualquer coisa diante de mim, foi quando eles me amaram, cuidaram de mim e oraram por mim.

Eles vieram à minha casa para orar pela minha filha que estava com muita dor, pois tinha uma infecção no ouvido recorrente. Eu estava desesperada e não sabia o que fazer além de chorar. Ela era alérgica aos antibióticos fortes e não respondia mais aos que podia tomar. O corpinho dela não conseguia mais tomar nenhuma medicação, e ela estava tendo infecções no ouvido ao longo dos últimos seis meses. Meu plano de saúde ainda não estava ativo, portanto, precisávamos esperar mais seis meses para que ela pudesse fazer uma cirurgia no ouvido. Imagine o meu coração, sendo eu uma mãe de primeira viagem. Eu estava arrasada. Mas esse casal, os quais são meus pastores hoje, foram à minha casa e oraram por ela — a ungiram — e ela não teve mais dores até poder fazer a cirurgia. Eles vieram outras vezes para orar pelas minhas duas meninas.

Também vieram para tentar salvar meu casamento destruído, meu primeiro casamento. Eles nos amaram, tanto a meu ex-marido quanto a mim. Simplesmente se fizeram presentes. Eles não esperavam nada em troca, não esperavam que lhes pagássemos, que começássemos a frequentar a igreja ou que ofertássemos ou que nos tornássemos membros. Pelo contrário, eles foram apenas amorosos. Estavam usando o poder e a liberdade deles para amar. Eles foram amorosos porque eram livres para amar. Estavam plantando sementes de amor incondicional em mim, embora eu não percebesse isso na época. E eu não via tão claramente quanto vejo agora o quanto isso foi importante para mim.

Minha vida se tornou um caos ainda maior à medida que eu continuava a viver no engano, até que finalmente passei pelo divórcio. Então, depois disso, conheci meu atual marido, um homem incrível que era ateu na época. Nossas vidas eram caóticas, mas nos unimos — duas famílias destruídas, duas pessoas muito destruídas. O casal do Brasil continuou a me amar, e agora eles amavam meu marido também (que na época era meu namorado).

Finalmente Jesus ganhou o meu coração. Não porque alguém me deu uma lista de regras religiosas, ou me disse onde ou quando eu devia ou não devia ir à igreja, mas porque alguém foi capaz de me amar livremente, sem esperar nada em troca, quando eu não merecia esse amor. Essas sementes plantadas por esse casal — também, é claro, por minha irmã — finalmente germinaram um dia e se tornaram um broto. Tudo porque alguém não desistiu de mim, não desistiu de orar por mim, sabendo que um dia Deus faria o que só Ele pode fazer.

E com certeza, Ele fez! Ele sempre faz. Os pequenos brotos cresceram e se tornaram uma árvore que criou raízes profundas em mim e que agora é uma árvore inabalável de amor incondicional pelos outros. Hoje posso amar as pessoas porque um dia fui amada como eu era na época. E foram eles que plantaram essas sementes.

Todos nós amamos porque fomos amados primeiro por Cristo. E cabe aos seres humanos expressarem o amor dele uns pelos outros e plantar essas sementes — ou seja, nós cooperando com Deus. Foi o que aquele casal fez por mim.

Talvez esta seja uma das coisas mais importantes que precisamos entender: o valor de usarmos genuinamente o nosso poder e liberdade para amar os que nos cercam. Oro para que, até o final deste capítulo, você tenha isso gravado no seu coração, conforme falamos sobre a capacidade de Jesus de amar livremente, assim como sobre a nossa própria capacidade de fazer o mesmo. Há um nível de liberdade que podemos alcançar que nos permite amar livremente. Por favor, leia isso de novo e deixe que essa verdade penetre no seu coração por um instante. Permita que todo o seu ser medite nisso por um minuto antes de seguir em frente. Há um nível de liberdade que podemos alcançar que nos permite amar livremente conforme continuamos a abraçar a liberdade a partir de um lugar de vitória em Cristo.

Jesus Amou Livremente

Você já sentiu que precisava conter o seu amor por alguém, talvez só um pouquinho, para que não se decepcionasse quando essa pessoa o magoasse em algum momento no futuro? Talvez faça isso colocando algumas restrições na sua confiança, no seu afeto, no seu tempo ou no quanto está disposto a dar às pessoas sobre quem você ainda tem dúvidas.

Não estou falando de limites saudáveis. Todos precisamos de limites. Estou falando de levantar pequenas paredes de vidro entre nós e as outras pessoas, as quais talvez Deus tenha colocado em nossas vidas com um propósito, e nós levantamos essas paredes porque temos medo de nos machucar. A diferença entre paredes e limites é a motivação do coração. A motivação por trás de uma parede é sempre o medo. O medo de alguma coisa. Podemos achar que isso é natural, mas será que é mesmo? Ou somos nós que não somos livres para amar sem restrições?

Enquanto Jesus andou sobre a terra, Ele foi o exemplo perfeito a seguir; creio que todos concordamos quanto a isso. E nós o vemos amando a todos livremente! Não me lembro de ler nada na Bíblia sobre Jesus julgando ou pedindo que alguém fizesse alguma coisa em troca de amor. Nem me lembro de ler sobre Jesus amando com uma atitude defensiva. Quando foi que isso se tornou normal para nós, humanos? Onde foi que aprendemos a fazer isso? Está claro que não foi com a fonte correta de amor.

Quando falo em amor gratuito ou em amar livremente, não estou me referindo ao amor que temos pelos nossos filhos, pelos nossos cônjuges, pelos nossos irmãos, pelos nossos pais e pelas pessoas que costumamos amar incondicionalmente. Estou falando sobre outras pessoas em geral. Também não estou falando de abuso e falta de limites.

O que chamo de amor gratuito tem pouco a ver com a pessoa que está sendo amada. Tem muito mais a ver com a capacidade de uma pessoa amar sem restrições. Não se trata de amor romântico, nem mesmo do amor de uma amizade; trata-se simplesmente de amor. Amor ágape, o amor que Jesus tem por nós. Ele não é um sentimento, é uma decisão de ser bom e generoso com os outros, independentemente de como eles agem ou reagem a nós. É uma decisão de querer genuinamente o bem-estar de outros, desejando um resultado favorável para a vida deles e não desistindo dessa postura do coração. Essas decisões geram automaticamente em nós uma parceria com o céu a favor dessa pessoa; portanto, em vez de olhar para elas e observar todas as suas falhas — o que tenho certeza de que elas devem ter, como todos temos — olhamos para elas e as observamos assim como Deus faz. Podemos ver qualidades que Deus plantou nelas e que, talvez, elas mesmas ainda não tenham percebido.

Poderíamos dar muitos exemplos do amor gratuito de Jesus na Bíblia. Um que me toca muito é a maneira como Ele tratou Judas, o discípulo que o traiu e entregou para ser crucificado. Não tenho certeza de que todos entendem o quanto Jesus foi espancado. Você já assistiu ao filme *A Paixão de Cristo*? Aquele em que Jim Caviezel interpreta Jesus nas últimas horas antes de Sua morte e que tem uma cena que mostra os soldados romanos espancando Jesus. Foi brutal! Dizem que o filme só mostrou uma pequena parte do espancamento que Ele sofreu. Nenhum ser humano poderia sobreviver a esse tipo de tratamento. Bem, Jesus sobreviveu. Porque estava escrito que Ele morreria na cruz, como aconteceu. E Judas foi quem o entregou às autoridades. Pense nisso. Jesus sabia o tempo todo que havia a possibilidade de Judas ser aquele que o trairia. Alguém tinha de fazer isso. Estava escrito e tinha de acontecer. Alguém teria de traí-lo.

Sabendo que um dos Seus próprios discípulos o trairia, você não acharia que Jesus teria algumas restrições em amá-los, principalmente no caso de Judas? Pense nisso. Ele sabia que alguém o trairia. Não acha que Ele poderia ter alguma dificuldade em confiar? Eu teria! Talvez limitando o acesso que alguns dos discípulos tinham a Ele para garantir que ninguém estivesse fazendo nada pelas suas costas — enquanto Ele tentava minimizar as possibilidades de traição.

Sejamos sinceros por um instante e pensemos como adultos racionais sobre todas as medidas que poderíamos adotar para minimizar a traição e garantir a nossa própria segurança se estivéssemos na situação de Jesus. Imagine você. Sim, você. Você tem um pequeno grupo de doze alunos. Pessoas com quem convive, pessoas em quem confia, que você ensina e nas quais investe tempo e outros recursos. Essas são pessoas que você ama e de quem se tornou amigo. Elas estão sempre ao seu lado. Elas falam como você e são como uma família. Então, um dia, você descobre que sua vida está correndo risco. Você ouve que aqueles assassinos brutais estão atrás de você e sabe que o seu destino é morrer, mas isso não exime o fato de que será doloroso ou de que você não quer morrer.

A boa notícia é que os assassinos não sabem qual é a sua aparência. Levará um tempo até eles descobrirem quem você é. Isso traz um alívio — ou não? Você ouve dizer que um dos seus doze amigos, que são como sua família, a quem você ama e valoriza— um deles vai traí-lo e entregá-lo. Seu coração se parte.

Isso é triste demais. Não, é ainda pior — é devastador!

O que você vai fazer agora? Vai chamar a polícia e fazer com que tirem as impressões digitais de todos eles, talvez se isolar, passar algum tempo sozinho, contratar um guarda-costas e ir para algum lugar com segurança máxima? Talvez usar um detector de mentiras e fazer com que alguém interrogue cada um dos doze para descobrir qual deles poderia traí-lo? Dar um sermão neles? Dizer a eles como você se sente? Você está arrasado! Depois de tudo que fez por eles, como um deles ousa sequer considerar tal coisa?

O que mais poderia fazer? E se soubesse qual deles era o traidor? Confrontaria a pessoa? Mandaria matar ou prender, ou pelo menos fazer com que fosse confinada em um lugar que não pudesse lhe fazer mal antes que ela o entregue para ser morto? Você conseguiria uma ordem de restrição contra esse discípulo? Ficaria ofendido? Ah, muito ofendido, com certeza! Isso faz total sentido, certo?

Mas Jesus não fez nada do que mencionamos aqui. Em vez disso, Ele amou Judas. Ele amava livremente porque era livre para amar. Ele estava destinado a morrer na cruz. O que tinha de acontecer aconteceria de uma forma ou outra. Não importava quem o trairia.

De que adiantaria tentar controlar a situação e mudar o desfecho, quando o resultado final havia sido deixado nas mãos de Deus? E assim Ele morreu, para que todos pudéssemos viver.

O que Jesus *podia* fazer era controlar a atitude de Seu próprio coração e a maneira de reagir à dor e à traição. E foi o que Ele fez. Ele respondeu com amor e amou Judas. Por ser livre para amar, Ele amou muito. Uau! Essa é a verdadeira liberdade!

Jesus tinha todo o direito do mundo de tomar todas as decisões que você e eu teríamos provavelmente tomado dois segundos atrás, quando imaginamos estar na pele dele durante a traição. Ele tinha todo direito porque estava certo. Mas Ele escolheu abrir mão do direito de estar certo e se rendeu ao plano definitivo de Deus Pai. E ao se render, Ele serviu a Judas juntamente com os outros onze discípulos. Ele pegou uma toalha, lavou os pés deles, e eles fizeram a sua última ceia juntos, uma refeição em conjunto. Eles se sentaram, comeram e conversaram. Jesus escolheu amar todos eles — até Judas, aquele que sabia que o trairia.

Jesus escolheu amar. Em meio à dor, pouco antes de morrer para salvar o mundo inteiro, Ele escolheu servir e amar. Essa é a plenitude da liberdade.

Jesus não amou Judas porque Judas teve um bom comportamento e merecia ser amado. Jesus amou Judas porque Jesus *é* amor, e Ele é livre para amar.

Você Também é Livre para Amar

Posso ler esta e outras histórias sobre o amor de Jesus repetidas vezes e fico profundamente tocada e incrivelmente sensibilizada em todas. Ele é, de fato, o Único Amado das nossas almas! Porque Ele nos ama tão profunda, linda e livremente, nós também somos livres para amar.

Antes de ter um relacionamento com Jesus, eu não gostava das pessoas. Costumava dizer que queria morar em uma ilha deserta, e não estava brincando. Ficava profundamente incomodada com os outros seres humanos. Sei que isso parece horrível, mas é verdade. Essa era a minha realidade antes de Jesus. Eu ficava incomodada até comigo mesma. Então, se alguém me dissesse durante os meus vinte e poucos anos, que eu podia ter "amor gratuito" pelas pessoas, eu diria que eles estavam loucos. Esse amor não existia em mim. Eu disse sim a Jesus aos oito anos quando estava sendo preparada para fazer a primeira comunhão. Mas eu ainda não havia tido um encontro com a pessoa do Amor; eu não havia experimentado o amor dele. E eu creio que isso é o que faz a diferença.

Sei que meu coração com relação às pessoas mudou imediata-mente no instante em que tive o meu primeiro encontro de amor com Deus e entreguei novamente a minha vida a Jesus. Embora eu não tenha certeza de quando comecei a experimentar o amor gratuito pelos outros, compartilharei com você a história da primeira vez em que fui apresentada à expressão "amor gratuito".

Um dia, conheci alguém em um retiro. Era um retiro silencioso, então não falávamos nem trocávamos telefones, e eu não fazia ideia de quem era aquela pessoa nem qual era a história dela. Nunca a havia visto antes. Aliás, vi aquela pessoa somente duas vezes durante a nossa estadia — no primeiro e no último momento —, mas tive visões com ela durante os três dias em que estivemos ali. Mais tarde, entendi que as visões que tive eram ilustrações do que aquela pessoa estava vivenciando durante o retiro. Por alguma razão estranha, havia um amor inusitado em mim por essa pessoa, e eu sabia disso. Pude reconhecer isso. Esse amor não era meu.

Depois do retiro, comecei a receber palavras de encorajamento e de afirmação para essa pessoa e encontrei uma maneira de entregá-las. Eu nunca recebi uma resposta. Continuei recebendo palavras, canções, mensagens e versículos e continuei entregando-as sem resposta. Eu via essa pessoa a cada dois meses em diferentes retiros, e quando nos vimos pessoalmente antes de entrarmos em silêncio, fiquei sabendo que as palavras foram encorajadoras, afirmativas e trouxeram vida. Durante um ano e meio, não recebi resposta alguma daquela pessoa ao mandar uma mensagem. Nunca me senti ofendida ou chateada. Eu não me importava com isso, porque não esperava uma resposta. Eu estava apenas sendo obediente ao fazer algo que acreditava que Deus havia colocado em meu coração. E o amor gratuito em mim por aquela pessoa ainda estava ali e estava crescendo.

Um dia, quando eu estava escrevendo uma mensagem para a pessoa, me perguntando de onde aquele amor incomum vinha, ouvi em meu espírito: "Isso é amor gratuito. É o Meu amor por essa pessoa que estou compartilhando com você. Pode escolher aceitá-lo ou rejeitá-lo — e você escolheu aceitá-lo. Fico feliz que tenha feito isso".

Isso me deixou fascinada! Muito antes dessa experiência, eu soube que o amor que eu sentia repentinamente pelas pessoas, no lugar do incômodo e da indiferença que sentia antes, vinha de Jesus. Mas aquela era a minha primeira experiência com um amor tão incomum por um estranho. Eu me sentia como se conhecesse a pessoa como um bom amigo — suas lutas, suas necessidades — e eu queria ajudar. Depois disso, o amor gratuito por estranhos se tornou cada vez mais comum para mim. Pode ser estranho para a pessoa, mas não mais para mim.

Conhecer o amor de Deus e o coração dele mudou a minha vida. Na Bíblia, lemos: "Quem não ama não conhece a Deus, porque Deus é amor" (1 João 4:8). Isso significa que quanto mais conhecemos Deus, mais conhecemos o amor e mais amamos como Ele ama.

Amar livremente como Jesus ama é o lugar mais libertador e fortalecedor para se estar. Reconhecemos que a maneira como decidimos amar não tem nada a ver com o merecimento ou o comportamento das pessoas, mas apenas com a nossa decisão de amar — e isso nos coloca no controle de nós mesmos, e não no dos outros. E sinceramente, se você me perguntar qual foi a coisa mais libertadora que já aprendi a fazer na vida, eu lhe direi que é abrir mão da necessidade de controlar os outros e, em vez disso, controlar a mim mesma. O fruto do Espírito é domínio próprio e não domínio alheio.

Quando não somos livres para amar, nos vemos tentando controlar e manipular — ainda que de maneira inconscientemente — os atos, comportamentos, situações e resultados das pessoas. Fazemos isso para evitar o sofrimento e a decepção. Pensamos que se pudermos controlar o resultado, ele sempre será favorável a nós. Podemos até conseguir nos dar bem com isso algumas vezes e nos tornar ótimos em manipulação, mas isso é desgastante, e muito provavelmente nos decepcionaremos. Isso pela simples razão de que, no final das contas, estávamos tentando controlar uma coisa que não podemos controlar — outras pessoas — em vez de controlar o que podemos: nós mesmos.

Quando trazemos tudo isso à consciência e decidimos amar e agir em amor, haja o que houver, tudo que nos resta controlar, então, é a nós mesmos. Não estou sugerindo que ninguém permaneça em um relacionamento abusivo ou se coloque em posição de sofrer abuso — não, de modo algum. Mas podemos sair de um relacionamento que não é saudável para nós e, ainda assim, nunca perder a capacidade do nosso coração de amar. Porque controlamos os nossos atos e temos uma escolha, não assumimos a posição de vítima.

Jesus disse em João 8:36 que aquele a quem o Filho libertar, esse é verdadeiramente livre. Somos livres para amar. Recebemos o dom da liberdade. Agora é uma questão de conhecer esse dom e viver um estilo de vida de liberdade. Isso remete à renovação da nossa mente, um pensamento de cada vez, uma crença de cada vez, uma fortaleza de cada vez, até estarmos diante de um espelho e tudo que vemos é Jesus. E com os olhos fixos nele, somos livres para amar! Se pudermos ver Jesus tão claramente em nós, poderemos vê-lo nos outros, porque somos muito mais críticos com relação a nós mesmos do que aos outros.

Tenho certeza de que o seu espírito entrou em total concordância e alinhamento com a verdade e com o amor que acabou de ler neste capítulo. Creio que quando você perceber e visualizar a capacidade de Jesus de amar livremente, também perceberá essa capacidade em você. À medida que busca a liberdade a partir desse lugar de vitória nele, você se tornará cada vez mais semelhante a Ele, amando tão livremente quanto Ele ama, porque é o amor dele em você pelas pessoas que o cercam.

Ativação

Para esta ativação, eu gostaria de fazer algo que você pode achar um pouco estranho. Está tudo bem! Creio que Jesus costumava fazer coisas que muitas pessoas achavam estranhas e nada convencionais.

Creio que isso ativará a sua liberdade de amar em um novo nível. É uma oração de transferência, portanto, coloque uma mão sobre o seu coração e outra mão sobre a sua cabeça, e repita esta linda oração sobre si mesmo, acrescentando a ela conforme o Espírito Santo o dirigir. Esta oração não é minha; é a oração de Paulo no livro de Filipenses. Creio que ela foi inspirada pelo Espírito Santo tanto para nós agora quanto para os filipenses naquela época.

Imagine que você está recebendo esta transferência do próprio Jesus, o Amor em pessoa.

> Assim, esta é a minha oração: que o amor de vocês floresça e que transborde; que aprendam a amar como se deve. Vocês precisam usar a cabeça e testar seus sentimentos, para que haja amor sincero e consciente, não sentimentalismo barato. Vivam como alguém que ama, uma existência discreta e exemplar, uma vida da qual Jesus se orgulharia: produtiva em frutos da alma, tornando Cristo atraente para todos e fazendo com que todos sintam vontade de louvar a Deus. (Filipenses 1:9-11 MSG).

> Amém!

7

Quem Quer Impedir que os Vitoriosos Sejam Livres?

Contudo, se o nosso evangelho está encoberto, é para os que estão perecendo que está encoberto. O deus desta era cegou o entendimento dos descrentes, para que não vejam a luz do evangelho da glória de Cristo, que é a imagem de Deus. Não pregamos a nós mesmos, mas a Jesus Cristo, o Senhor, e a nós como escravos de vocês, por causa de Jesus. Pois Deus, que disse: "Das trevas resplandeça a luz", ele mesmo brilhou no nosso coração, para a iluminação do conhecimento da glória de Deus na face de Jesus Cristo.

2 CORÍNTIOS 4:3-6

Um dos pastores da nossa igreja ensinou este versículo sob uma perspectiva que eu não conhecia, e o Espírito Santo me trouxe uma revelação nova para este capítulo enquanto ele falava. De modo que quero me aprofundar um pouco neste versículo com você, porque creio que ele contém muitas revelações sobre o que está acontecendo na dimensão espiritual na tentativa de roubar a liberdade da humanidade.

Conhecimento é poder. Quando você o tem, pode decidir o que fazer com ele. Deus disse certa vez: "O meu povo é destruído por falta de conhecimento" (Oséias 4:6). E não é diferente hoje, milhares de anos depois. Há coisas que não conhecemos, e perecemos por falta dessas coisas. Mas, nessa área, não temos mais razões para perecer, porque o Espírito Santo está lançando luz a nós e trazendo conhecimento por revelação que ilumina nossas almas, de uma maneira que nos conduzirá a um novo nível de liberdade.

Nesta passagem, Satanás é o "deus desta era" de quem Paulo fala. Ele é descrito como alguém que tem o controle sobre este mundo nesta era em várias outras passagens do Novo Testamento, como João 12:31; 14:20 e Efésios 2:2. Como o deus desta era, Satanás usa de artifícios, engano, difamação, acusação e mentiras — entre outras artimanhas — para cegar o coração das pessoas. O resultado dessa cegueira e engano é a incredulidade. Toda incredulidade vem das artimanhas aplicadas por Satanás. Essa cegueira e incredulidade impede que as pessoas vejam a luz de Jesus, o fogo ardente do evangelho — o poder que ele contém para nos transformar de dentro para fora e para transformar nossas vidas completamente naquilo que Deus as destinou a ser.

A luz que deve resplandecer, mencionada por Paulo em 2 Coríntios 4:6, também pode ser entendida como uma metáfora da revelação espiritual, a presença manifesta de Cristo, como podemos interpretar com base nestas passagens do Antigo Testamento:

*Era a terra sem forma e vazia; trevas cobriam a face do abismo,
e o Espírito de Deus se movia sobre a face das águas. Disse Deus:
"Haja luz", e houve luz.*

— Gênesis 1:2-3

*O povo que caminhava em trevas viu uma grande luz; sobre os
que viviam na terra da sombra da morte raiou uma luz.*

— Isaías 9:2

Observe que a luz de que Deus estava falando em Gênesis 1:3 não era o sol nem a lua, pois estes não foram criados até o quarto dia (Gênesis 1:14-16). Era outra coisa. Uma luz diferente. Uma luz completamente separada de tudo que era escuro. Tanto Apocalipse 21:23 quanto Colossenses 1:15-16 sugerem que a luz é, na verdade, a presença manifesta de Jesus. E isso nos leva a entender que a escuridão não é simplesmente a ausência de luz, mas que a escuridão é algo real. Ela existe, e no princípio de tudo, Deus a separou da luz.

A palavra traduzida por "trevas" tanto em Gênesis 1:2 quanto em Isaías 9:2 também é usada para descrever a ignorância e a falta de conhecimento.

Satanás, o deus desta era e o inimigo das nossas almas, encontrará áreas das nossas vidas onde temos escuridão — ignorância e falta de conhecimento — e plantará mentiras, engano e artimanhas ali que nos levarão à incredulidade. Uma vez que tenhamos incredulidade em certas áreas das nossas vidas, não poderemos ver a luz de Jesus nelas. Isso limitará a nossa capacidade de renovar a nossa mente e de experimentar a abundância e a plenitude de vida. E é assim que o inimigo mata os nossos sonhos e alegrias, rouba as nossas esperanças e planos, destruindo nossos relacionamentos. Ele não tem acesso a nós diretamente, de modo que usa as suas artimanhas para se infiltrar de alguma forma, e faz isso por meio de áreas de trevas e ignorância que impossibilitarão a nossa liberdade. Que trapaceiro sujo!

A boa notícia é que quando trazemos luz às trevas, elas têm de fugir. Elas não podem coexistir com a luz, e a luz sempre vence. E trazer luz (conhecimento) às trevas (falta de conhecimento, ignorância) é o que estamos fazendo agora, para que você esteja plenamente equipado não apenas com revelação, mas também com ferramentas (suas ativações) para poder aplicar na prática esse conhecimento à vida diária e viver em um nível superior de liberdade — seja lá como isso for para você.

Ao continuarmos buscando pela liberdade a partir de um lugar de vitória, iremos rever algumas dessas artimanhas e possíveis áreas de trevas em nossas vidas para podermos convidar a luz a entrar nelas. Também aprenderemos a importância de separar o pecado da identidade.

Quais São Algumas Dessas Artimanhas?

Sabendo que o inimigo usa artimanhas nas nossas áreas de ignorância para nos manter em trevas e cativeiro, vamos descobrir quais são algumas delas e desmascará-lo, a fim de podermos começar a lançar luz sobre algumas dessas áreas e destruir completamente essas fortalezas que Satanás criou no nosso sistema de crenças.

Essas artimanhas que o inimigo usa são influências demoníacas, conhecidas como fortalezas espirituais. Essas fortalezas podem estar enraizadas no medo, no ódio, no pecado sexual, no ocultismo ou na feitiçaria, ou podem ser simplesmente geracionais.

Duas coisas principais abrem portas para essas fortalezas: uma delas é estar em concordância com mentiras (geralmente chamadas crenças) e a outra são os traumas.

Exemplos de crenças limitantes podem incluir estas coisas (assim como outras):

- Não sou suficientemente bonito/bonita;
- Jamais terei um diploma;
- Sou burro/burra;
- Nunca vou ser alguém na vida;
- Serei sempre um fracasso;
- Sempre encontro uma forma de estragar tudo o que toco;
- Não nasci para ser um bom cônjuge;
- Meu pai era alcoólatra, então sempre serei igual a ele
- Minha mãe era obcecada por controle, então sempre serei igual a ela;
- Esta é a minha personalidade, e nunca vou mudar;
- Ninguém gosta de mim;
- Sou um erro;
- Preciso fazer alguma coisa para as pessoas gostarem de mim;
- Preciso conquistar o amor e o respeito das pessoas;
- Serei feliz quando conseguir tudo o que quero na vida;

- Os homens são todos iguais;
- As mulheres são todas iguais.

As crenças limitantes também podem vir de traumas ou da sua própria percepção de indignidade — quer decorrente de coisas ditas por outros ou por nós mesmos, de crermos nas coisas dolorosas ditas a nosso respeito ou de engano religioso e espiritual. Estar em concordância com mentiras, quer consciente ou subconscientemente, pode limitar a nossa liberdade em áreas específicas. Agora você entende por que a liberdade pode ser algo que buscaremos por toda a vida.

Os traumas podem acontecer conosco a qualquer momento, desde a nossa infância até a vida adulta. Passar por traumas pode literalmente alterar a estrutura neural do nosso cérebro físico. Eles não precisam ser necessariamente algo grande, como abuso sexual ou físico. Pode ser algo simples, como alguém na escola dizer a uma criança que ela tem orelhas feias ou braços cabeludos. Qualquer tipo de *bullying* pode gerar traumas.

Alguns exemplos de traumas:

- passar por perdas;
- sentimentos de menos valia;
- agressão, abuso ou ataque, seja físico ou sexual;
- testemunhar ou sofrer violência doméstica;
- desastres naturais, como furacões;
- escassez de qualquer espécie;
- *bullying*;
- negligência de qualquer espécie;

- tudo que destrói a confiança;
- abuso religioso ou espiritual;
- participar ou testemunhar abuso de substâncias;
- aborto;
- acontecimentos desconfortáveis na vida, como uma mudança.

Os traumas danificam e geram mudanças no nosso córtex insular, o qual é a parte do nosso cérebro responsável pela percepção da dor básica e das emoções básicas como alegria, felicidade, raiva e nojo. O córtex insular é responsável pelo seu relacionamento com as suas emoções. Quando sofre dano, temos uma perspectiva diferente da nossa própria identidade. Duvidamos de quem somos e temos padrões de comportamento inconsistentes e uma identidade própria indefinida. Aprendi isso com um pastor que também é um neurocientista; ele gerencia o Instituto para formação de *coaches* onde me formei e certifiquei. Minha irmã — que também é neurocientista e é a pessoa mais inteligente que conheço — confirmou a informação. Então, estes são fatos e não apenas informações encontradas no Google.

Quando eu tinha quinze anos, minha mãe se mudou do Brasil para Miami, Flórida, com minhas duas irmãs mais novas e eu. Eu estava deixando todos os meus amigos no Brasil e não queria me mudar. Ao chegar à Flórida, não falava o idioma e tive dificuldade para socializar. Dizer que eu estava infeliz e revoltada é pouco.

Conheci outros brasileiros em Miami, mas eles eram diferentes. Eles não eram da mesma cidade e do mesmo círculo social que eu era no meu país, não frequentavam a minha escola e falavam inglês. Diferente de mim, eles estavam familiarizados com a maneira como o ensino médio funcionava aqui. Por tudo isso, eu me sentia deslocada. Eu não me encaixava entre os brasileiros, embora falassem a minha língua; não me encaixava entre os americanos nem entre os hispanos. Eu não me encaixava em nada, não tinha lugar. Eu não tinha o que fazer nesse país. E quando falava pelo telefone com os meus amigos no Brasil, eu estava por fora do que estava acontecendo lá. Ou seja, também não me encaixava mais lá.

Um sistema de crenças começou a crescer em mim, dizendo que eu não pertencia a lugar nenhum. Não havia lugar para mim. Aonde quer que fosse ou o que fizesse, independentemente com quem falasse, eu me sentia como um peixe fora da água. Eu cresci assim. Essa crença limitante ficou gravada em mim até os meus trinta e tantos anos, mas eu nunca percebi o quanto ela me aprisionava, quanto mais de onde ela vinha.

Um dia, enquanto escutava um audiolivro, ouvi um testemunho de uma mulher imigrante do Equador com uma história semelhante à minha. Foi quando percebi o nível de escravidão que eu vivia nessa área. Eu sempre soube que não me encaixava — era assim que me sentia no mundo empresarial, na escola, na faculdade, nos ministérios onde servia e, às vezes, até na minha família e na minha igreja. Esse sistema de crenças estava profundamente enraizado em mim por causa de uma fortaleza causada por um trauma — uma mudança. Sem dúvida, essa mudança foi a melhor coisa que minha mãe poderia ter feito por nós. Ela nos deu uma vida que, do contrário, não poderíamos ter tido. Mas o trauma aconteceu mesmo assim.

Quando ouvi esse testemunho da mulher equatoriana, percebi de onde o trauma havia vindo, qual era a fortaleza e qual era a crença limitante — e simplesmente parei de andar em concordância com essas coisas.

Entendi por que eu sempre me sentia daquela maneira. Entendi os sentimentos de inadequação que haviam me seguido por toda a minha vida. Eu simplesmente decidi parar de acreditar nisso e comecei a construir um novo padrão de pensamento para mim daquele momento em diante. Foi fácil? Não. Mas sabia qual era a mentira e não acreditava mais nela. A luz foi lançada no meu lugar de escuridão e ignorância. Comecei a buscar a liberdade a partir de um lugar de vitória.

Compartilho este exemplo porque quando pensamos em um trauma, costumamos pensar em crianças que cresceram com algum tipo de negligência ou abuso — e sim, isso gera traumas, mas eles às vezes podem ter pouco a ver com coisas ditas ou feitas diretamente a nós. Os traumas podem ser causados simplesmente por acontecimentos da vida que ocorreram e nos afetaram — às vezes até positivamente, a longo prazo.

A ótima notícia que aprendi com os Evangelhos é que Deus está disposto e é poderoso para nos libertar, nos curar e até para reparar os danos físicos ao nosso cérebro em um piscar de olhos — e Ele quer fazer isso por nós agora mesmo. Se você passou por um trauma, quero que saiba que o que aconteceu com você não é culpa sua. Nunca fez parte dos planos de Deus que algum abuso ou trauma acontecesse conosco. Não é culpa dele também. Mas precisamos ser claros acerca de uma coisa: embora o que aconteceu conosco não seja nossa culpa, é nossa responsabilidade superar isso, perdoar e crescer.

Somos responsáveis por restaurar a nossa identidade, renovando a nossa mente, nos alinhando completamente com a nova criatura que somos em Cristo e buscando a libertação do vitimismo e da mentalidade que nos escraviza — e fazemos isso a partir de um lugar de vitória que já ocupamos em Cristo.

Até aprendermos a abraçar essa responsabilidade, todos os esforços para buscar a libertação de certas fortalezas serão inúteis. Enquanto estivermos culpando as pessoas ou as circunstâncias, não poderemos tomar posse da capacitação de Deus para seguirmos em frente. E sem a capacitação dele, não conseguimos fazer isso.

Aprendemos a lançar luz nas áreas de trevas e ignorância e deste modo, saímos vitoriosos enquanto buscamos a nossa liberdade diariamente, destruindo todas as fortalezas que o inimigo colocou na nossa mente. Abraçamos a responsabilidade de nos tornarmos quem Deus nos criou para ser. *Livres*.

Aprenderemos e cresceremos juntos enquanto abraçamos esta linda jornada!

Separando o Pecado da Identidade

Um testemunho de uma amiga:

> Após uma viajem de dezesseis horas de Miami até Kentucky, para ver minha família, eu estava me aproximando da minha cidade natal quando recebi o telefonema. "Lori, está acontecendo. Venha estar com seu irmão, por favor". A voz da minha mãe parecia desesperada. Meu pai biológico estava morrendo rapidamente de câncer no cérebro. Os pensamentos corriam em minha mente a mil quilômetros por segundo. Tudo, desde a lembrança de todas as coisas que ele havia feito, o quanto ele havia me magoado e quanto tempo eu

havia esperado por esse dia, até a lembrança do dia em que o Senhor me salvou e me adotou em Sua família. Eu havia perdoado meu pai totalmente. Sentia minhas emoções aceleradas. Então, minha mente trouxe algo que eu havia esquecido. Há alguns anos, eu tive uma visão. Eu estava orando por meu pai com um amor puro em meu coração. Eu sabia que o Senhor estava me mostrando através dessa visão que, um dia, eu faria isso. Lembro-me que rejeitei essa visão. Lembro-me de não querer aquilo de modo algum e de dizer ao Senhor que nunca conseguiria amar meu pai — aquele monstro — o suficiente para fazer isso. Eu estava disposta a perdoá-lo, mas não a orar por sua libertação. Fiquei sentada por alguns instantes e percebi que o Senhor estava me dizendo que era a hora. Havia chegado a hora em que eu teria de ir orar pelo meu pai.

Comecei a dirigir em direção ao hospital. A caminho de lá, tentei ver se o Senhor negociaria comigo. Posso orar por ele *à distância* em vez de orar por ele *pessoalmente*? Sabia que a resposta era não. Eu precisava orar por ele, fisicamente. Eu disse ao Senhor que não conseguiria fazer isso, mas Ele garantiu que me ajudaria a fazer isso. Enquanto subia de elevador até o andar em que meu pai estava, eu disse a Jesus que não conseguiria. Meu corpo estava tremendo e eu não conseguia respirar. Ele respondeu muito mansamente: "Você não sentirá o aguilhão da morte. Quando ele disser o Meu nome, estará consumado". Com isso, uma ousadia veio sobre mim.

Eu estava do lado de fora do quarto do meu pai. O homem que destruiu minha vida, que eu não via há oito anos, deitado ali em seu leito de morte a apenas alguns metros de mim, morrendo.

Entrei no quarto. Meu irmão e meu sobrinho estavam se despedindo do capelão do hospital. Assim que eles saíram do quarto, entendi que era a minha vez de orar. Fechei as portas e cortinas. Aproximei-me do leito do meu pai, estendi as mãos e comecei a orar ousadamente. Eu estava orando pela alma do meu pai, e não por sua vida. A oração parecia mais uma transação comercial. Expliquei como eu havia perdoado meu pai, e o Senhor com certeza também havia feito o mesmo. Pedi ao Senhor para me permitir carregar o pecado de meu pai, que eu levaria o peso do seu pecado. Eu o carregaria. O Senhor disse que tudo bem. Ele me permitiu sentir o peso do pecado do meu pai. O peso do que ele vinha carregando. Então Ele disse que eu não tinha de carregar aquilo. Ele tirou tudo como se fosse um aspirador, porque Jesus já havia levado tudo sobre si, Ele já havia carregado tudo. Eu não precisava carregá-lo. Senti uma sucção quando o Senhor removeu o que meu pai vinha carregando. A entidade e o peso que haviam estado sobre meu pai ao longo de toda a sua vida, que o impediam de ser o pai que ele poderia ter sido, e que em vez disso fizeram dele o monstro que ele demonstrava ser.

Alguns minutos depois, meu irmão e meu sobrinho entraram novamente no quarto. Minha mãe, minha irmã e eu estávamos terminando de orar baixo em línguas. Quando olhamos para baixo, vi meu pai. Meu verdadeiro pai. O amor transbordou por todo o meu ser. Aquele era um homem inteiramente novo. Eu soube imediatamente que estava olhando para o homem que meu pai devia ser, quem ele nasceu para ser. Toda a sua doença havia ido embora. Não o câncer, mas a perversão, o pecado que o havia mantido cativo por toda a sua vida. Ele havia desaparecido. Pude ver meu verdadeiro pai. Ele parecia tão puro. Ele estava tão bonito. Ficamos em volta dele, chorando, sorrindo, vendo a mudança com os nossos próprios olhos, quase incrédulos, mas assombrados e gratos. Instantes depois, nós o ouvimos dizer: "Obrigado, Senhor Jesus". Nesse exato instante, eu soube, todos soubemos, estava consumado. A alma do meu pai foi salva bem diante dos nossos olhos, e ele foi liberto bem diante de nós.

Depois disso, pude fazer coisas que jamais pensei ser possível. Pude cuidar dele, consolá-lo e amá-lo durante as suas últimas horas de vida. Eu não senti o aguilhão da morte. Sepultei meu pai, a quem amo e sinto muito orgulho de chamá-lo de pai. Não sepultei o monstro que me feriu e arruinou a minha vida, porque aquele homem não existia mais. Sepultei o homem que ele deveria ter sido o tempo todo, o seu verdadeiro eu, separado do pecado, um filho de Cristo. Fiz isso porque Jesus me ensinou o que era separar a identidade dele do pecado. Ao fazer isso, ele restaurou e libertou não apenas meu pai, mas também a mim, de muitas outras maneiras que eu jamais pensei serem possíveis.

Uau! Este não é um testemunho poderoso da minha amiga Lori? Sei que o Senhor continua realizando uma obra milagrosa nela por causa da grande liberdade que ela vem experimentando em decorrência de conseguir amar assim. Por isso pedi a ela que omitisse propositalmente os detalhes que ela não estava pronta para compartilhar, mas que falasse o que podia, porque isso ilustra perfeitamente a separação do pecado da identidade. Durante toda a sua vida, o pai dela viveu submisso a uma entidade de pecado que fazia dele uma pessoa que ele nunca esteve destinado a ser. E isso destruiu a família, os filhos (sobretudo minha amiga), o casamento e, no final, a vida dele. A pior parte é que ele nunca percebeu isso. Ele nunca conseguiu viver a vida que Jesus tinha para ele, a não ser nas últimas horas. Porque a pessoa enganada não sabe que vive no engano. Isso poderia acontecer com qualquer um de nós. Aquele era um homem cristão. Fico feliz porque, no final, ele entregou novamente sua vida, foi liberto, e sua família foi restaurada de maneiras que eles jamais imaginaram serem possíveis.

Separar o pecado da identidade é essencial para conseguirmos viver a vida que Cristo morreu para que tivéssemos. Precisamos separar o pecado não apenas da nossa identidade, mas da identidade em geral. Lori tem um coração puro e ela foi chamada para levar liberdade aos lugares aonde vai — permitindo que as pessoas sejam quem são. Faz sentido que o inimigo tenha tentado roubar isso dela, não é? Do mesmo modo, o inimigo quer roubar os dons mais preciosos que Deus colocou em cada um de nós. Se ela não tivesse sido capaz de separar o pecado de seu pai da identidade dele, talvez ele tivesse perdido a salvação. E talvez ela não tivesse tido a experiência de viver toda a liberdade que tem vivido devido ao que testemunhou.

O que quero dizer com separar o pecado da identidade? Quando Jesus estava na cruz, flagelado e pronto para morrer, e as pessoas estavam zombando dele, Ele clamou a Deus Pai: "Perdoa-os, porque não sabem o que fazem". Vejo isso como um tremendo exemplo de Jesus separando o pecado da identidade. É como se Ele estivesse dizendo: "Eles não fazem ideia de que estou fazendo isto por eles, para salvar a alma deles. Eles não sabem quem são! Eles estão agindo segundo o pecado deles, mas isso não é quem eles são de verdade! É por isso que Eu estou morrendo por eles! Para que eles possam ser quem Tu, ó Pai, os criaste para ser: vitoriosos!".

Os erros que cometemos no passado não definem quem somos no presente ou quem deveríamos ser no futuro. Isso é verdade para os outros também. Talvez você tenha sido profundamente ferido por outros, até mesmo por seus pais ou familiares, como minha amiga. Quem sabe tenha sido ferido por pessoas que amava e em quem confiava, pessoas que deveriam cuidar e proteger você. Lamento que tenha tido de passar por isso. Sinceramente, lamento que eu tenha tido de passar por isso também. E devo dizer que o pecado deles — seus erros e falhas — não é quem eles são. Essas coisas não representam quem Deus os criou para ser, mesmo ao agirem assim durante toda a vida, como foi o caso do pai de Lori. De modo algum estou justificando o comportamento dessas pessoas. Estou apenas dizendo que temos a responsabilidade de separar o pecado da identidade delas.

Eis uma definição do dicionário para pecado: "Um ato imoral considerado uma transgressão contra a lei divina". Na verdade, um ato imoral considerado uma transgressão contra a lei divina também é visto como pecado na Bíblia. Entretanto, a Bíblia define pecado como mais do que apenas isso.

Na primeira vez que a palavra *pecado* foi mencionada na Bíblia, ela não estava se referindo a um erro ou à transgressão a uma lei:

> *Se você fizer o bem [acreditando em Mim e fazendo o que é aceitável e agradável a Mim], não será aceito? Mas se não o fizer [mas ignorar a Minha instrução], saiba que o pecado o ameaça à porta; ele deseja conquistá-lo [subjugá-lo], mas você deve dominá-lo.*

> **— Gênesis 4:7 (AMP)**

Nesse versículo, o pecado não é um verbo, mas um substantivo, um ser. A Bíblia se refere ao pecado como uma entidade que está à nossa porta, e nós precisamos dominá-lo. Na verdade, a Bíblia se refere ao pecado com muito mais frequência como uma entidade do que como uma ação ou um verbo. Ele é uma entidade, e em Gênesis 4, ele é separado de Caim — que, sob uma aliança inferior, já era capaz de dominá-lo, de acordo com o próprio Deus.

Quando houve o primeiro contato do pecado com os seres humanos, ele trouxe vergonha e medo ao paraíso perfeito de Deus. Ele entrou com uma mentira que questionou a identidade humana e a bondade de Deus para com a humanidade:

Porque Deus sabe que no dia em que vocês comerem dele os seus olhos serão abertos [isto é, vocês terão mais consciência], e vocês serão como Deus, conhecendo [a diferença entre] o bem e o mal.

— Gênesis 3:5 AMP, tradução nossa

Ainda hoje, esta é a mesma estratégia que o inimigo usa contra nós. Ele questiona a nossa identidade e a nossa confiança nas boas intenções de Deus para conosco. Quando caímos nessa conversa, nós nos identificamos com o pecado e começamos a viver a partir dessa perspectiva. Ao fazer isso, acreditamos ser um erro e julgamos e rotulamos a nós mesmos e às pessoas que nos cercam de acordo com esse mesmo critério. O resultado é a decepção, o desânimo e a incredulidade constantes. À medida que nos identificamos mais com essa entidade do que com nós mesmos, começamos a viver como se essa fosse a nossa *identidade*.

Precisamos entender que a natureza de pecado não está em nós. Ela é uma entidade separada que nos ataca para roubar, matar e destruir o que Cristo pagou para que tivéssemos: a liberdade. Essa natureza de pecado é um intruso indesejável, um espírito de engano que fala na nossa mente de forma tão convincente que pensamos que somos nós falando. É hora de separarmos essa entidade de pecado de quem somos e de fazer o mesmo com as pessoas que nos cercam. Nós não somos um erro. Cometemos erros, mas eles não nos definem. Os pensamentos e desejos errados e impuros não são quem somos. É o pecado falando em nossos ouvidos, assim como falou com Eva no jardim do Éden. Esse pecado está *contra* nós. Ele é nosso inimigo. Ele nos quer mortos, espiritualmente mortos.

Quando nos firmamos na verdade inabalável e imutável de Deus, entendemos que não lutamos *para ter* vitória, mas *a partir da* vitória — a vitória que Cristo já conquistou para nós na cruz. Não estamos lutando para vencer a guerra, pois ela já foi vencida! Buscamos a liberdade a partir de um lugar de vitória!

Oro para que você possa entender a importância de separar o pecado da identidade, tanto para si como para os que o cercam.

Ativação

O que gosto de fazer para esta ativação é algo muito prático. Gosto de dar nome às vozes na nossa mente, à entidade do pecado. Dê um nome a ela, seja qual for o nome que desejar. Depois, vamos praticar reconhecer essa voz. Quando achar que está ouvindo a voz do pecado, chame o seu nome e diga a ela para se calar. É impressionante o quão eficaz é dar um nome a essa entidade e chamá-la do que ela é, em vez de aceitar a voz dela como sendo sua.

Algumas dicas:

— Essa entidade pode se levantar contra você de diferentes formas e, a cada vez, ela pode soar de forma diferente.

— Uma coisa que ela sempre tem em comum: nada do que ela diz acrescenta a quem você é.

— Ela está sempre contra você e nunca dentro de você.

— Vá em frente, dê um nome a ela. Chame-a de Lola ou Koko, ou do que quiser.

— Você a ouvirá como pensamentos na maior parte do tempo: "Não há problema em ligar para meu ex-namorado/minha ex-namo-rada", "Meu marido agiu como um idiota" ou "Só um pouquinho não faz mal a ninguém". Chame o nome dela e mande-a ficar calada.

Diga a verdade sobre quem você é: "sou honrada, por isso honro meu marido, porque esta é quem eu sou" e "Eu digo a verdade. Sou um filho da verdade".

À medida que passar a ter consciência do quanto a entidade do pecado fala, poderá separá-la cada vez mais de quem você é, chamá-la pelo nome e negar a autoridade dela sobre o governo da sua vida.

Você é um filho ou uma filha do Rei! Você faz parte de um sacerdócio real, alguém destinado a vencer, destinado para a glória e a liberdade! Isso já foi decidido e estabelecido a seu respeito! E agora, você está capacitado a viver isso.

8

Porque Somos Vitoriosos, Há Graça para a Jornada

*Deus, eu convido o Teu olhar penetrante a ver dentro do
meu coração.
Examina-me vez após vez.
Descobre tudo que pode estar escondido em mim.
Põe-me à prova e esquadrinha todas as
minhas ansiedades.
Vê se existe algum caminho de dor que eu esteja trilhando e
conduz-me de volta aos Teus caminhos gloriosos, eternos —
o caminho que me leva de volta a Ti.*

SALMOS 139:23-24, The Passion Translation

Certo dia, há algum tempo, orei este salmo, como costumo fazer. Amo esta tradução deste salmo. Outras versões costumam dizer "um caminho de pecado em mim" ou "um caminho de ofensa", mas esta versão diz "caminho de dor". No fim das contas, quando andamos em pecado ou em caminhos ofensivos ao Espírito Santo em nós, mesmo que não percebamos, isso causa dor em nós. Isso gera um caminho de dor em nossas vidas.

Naquele dia, eu estava orando esse salmo e quase imediatamente ouvi em meu coração a resposta à minha oração. Ficou claro qual era o meu caminho de dor. Foi isto que percebi:

> A autoidolatria vem de um lugar de esforço para viver para Deus. Parece contraditório, eu sei. Mas esse estilo de vida nos conduz a um lugar onde levamos as coisas que fazemos para Deus até o centro do nosso coração, e o centro do nosso coração é um lugar que pertence somente a Jesus. O que agrada a Deus é que estejamos com Ele e vivamos a vida com Ele, e tudo o mais deveria vir disso. Quando nos esforçamos muito para viver para Ele e para fazer tudo o que fazemos para Ele, inconscientemente entramos no modo de desempenho. O desempenho é uma perversão do nosso verdadeiro eu. Quem somos de verdade não requer esforço ou trabalho árduo. O verdadeiro eu se resume a ter Deus como centro. O desempenho coloca o eu no centro, no lugar de Deus.

Se eu puder acrescentar, nem mesmo a busca pela liberdade pode ocupar o centro do nosso coração no lugar de Jesus ou junto dele. Somente Jesus deve ocupar esse lugar.

Naquele dia, vi no Espírito que Ele estava apagando uma tela branca. Entendi que Ele estava me dando a oportunidade de colocá-lo no centro do meu coração para que eu pudesse avançar para o próximo nível de glória, com a consciência do que de fato está no centro do meu coração e da minha vida. Creio que Ele faz isso para todos os que creem e recebem. Ele apaga o nosso caminho de dor e nos leva aos Seus caminhos gloriosos e eternos.

Recentemente, orei este salmo novamente e tive outra linda experiência. Tive uma revelação da graça de Deus repousando sobre a vida da sua noiva vitoriosa. Ouvi em meu espírito estas palavras adoráveis: "Porque você é vitoriosa, há graça para a sua jornada".

A graça de Deus para nossa vida e para nossa jornada é mais profunda do que posso expressar em palavras. É mais do que favor imerecido. É a presença capacitadora de Deus que nos habilita para nos tornarmos a pessoa que Ele enxerga em nós. Ela nos habilita para viver e ser quem Ele nos criou para sermos em Cristo: livres e vitoriosos. Sem vergonha e sem medo. Sem necessidade de fingir, de mostrar serviço ou se esforçar. Livres para sermos quem somos. Crescendo de glória em glória, de graça em graça, por Sua graça e em Sua graça. Abraçando a liberdade a partir de um lugar de vitória. Não temos de nos preocupar com quem fomos, com quem seremos ou com o que cruzará o nosso caminho. Com a graça de Deus sobre nós, há graça para a nossa jornada, e ela nos permite viver em adoração a Ele, um passo de cada vez. Essa graça nos permite permanecer vitoriosos, sabendo que Ele preenche as nossas lacunas. Ele é o grande Eu Sou, e na nossa fraqueza, Ele é forte!

Que diremos [a tudo isso]? Devemos continuar pecando e prati-
cando o pecado como um hábito para que [o dom de Deus da]
graça possa aumentar e transbordar?

— Romanos 6:1 AMP

O que Paulo quer dizer neste versículo com "tudo isso"? Ele está se referindo ao estado humano decadente no qual as pessoas viviam. Um estado de normalização do pecado, no qual as pessoas viviam como se não houvesse Salvador nem futuro. É quase como os adolescentes costumam dizer: só se vive uma vez. Elas achavam que deviam fazer o que quisessem, deixando o pecado superabundar, por só haver uma chance de fazer as coisas erradas que a carne deseja fazer aqui na terra. Se Deus disse que Ele já perdoou, vamos aproveitar!

De maneira nenhuma! Nós, os que morremos para o pecado, como
podemos continuar vivendo nele? Ou vocês não sabem que todos
nós, que fomos batizados em Cristo Jesus, fomos batizados em sua
morte? Portanto, fomos sepultados com ele na morte por meio do
batismo, a fim de que, assim como Cristo foi ressuscitado dos mor-
tos mediante a glória do Pai, também nós vivamos uma vida nova
[abandonando nossas antigas práticas].

— Romanos 6:2-4

Se a graça superabunda quando o pecado superabunda, então devemos pecar mais para testemunharmos mais graça? É óbvio que não. Esse definitivamente não é o propósito da graça! É isso que Paulo está dizendo aqui, o que continua sendo a resposta para nós hoje.

Costumo dizer à minha filha mais nova: "Só se vive uma vez, querida. Você só tem uma chance de fazer o seu melhor aqui nesta terra. Certifique-se de aproveitar totalmente cada oportunidade". E talvez isso tenha dado uma nova compreensão desse ditado popular para ela. A realidade é que a graça nos capacita a viver longe do pecado e longe da entidade que um dia nos escravizou e nos aterrorizou. Não devemos nos submeter novamente a ele.

Com a queda de Adão e, consequentemente, da humanidade, a entidade do pecado passou a ter domínio sobre nós. Foi então que a nossa identidade passou a estar entrelaçada com a identidade do pecado, porque a sua natureza se tornou a natureza humana, conforme descrito em Gênesis, quando o Senhor lamentou ter criado a humanidade por causa do quanto a sua natureza havia se tornado má. Mas Ele tinha uma solução, um plano redentor. Uma vez que aceitemos esse plano — o sacrifício de Jesus por nós e o preço que Ele pagou na cruz para levar sobre Si aquela velha natureza de pecado em troca da Sua natureza santa — aquela velha natureza de pecado não tem mais poder ou autoridade sobre nós. Essa é a essência do evangelho da liberdade.

A graça nos capacita a viver em liberdade e a abraçar a liberdade em cada área das nossas vidas a partir de um lugar de vitória, a qual já temos em Jesus. Vamos voltar a falar um pouco mais sobre buscar algo que já possuímos.

Considere o seu cônjuge. Você já é casado. Tecnicamente, você já tem alguém, correto? Entretanto, você quer continuar buscando essa pessoa pelo resto da sua vida. Ao fazer isso um pelo outro, vocês garantem que estão sempre a par das necessidades, emoções, gostos e desejos um do outro, os quais mudarão com o tempo. Vocês manterão o relacionamento vivo, e essa sensação de borboletas no estômago que tinham quando começaram a namorar acontecerá novamente de vez em quando. Ao buscar a pessoa que passará a vida ao seu lado, você aprenderá continuamente coisas novas sobre ela porque os seres humanos são criaturas complexas. Sempre haverá algo novo a descobrir.

Buscar a liberdade pode ser como buscar seu parceiro de vida. Você já o tem, mas esse relacionamento está crescendo constantemente, evoluindo e se manifestando de formas novas, belas e diferentes.

Por outro lado, o que acontece se você se casa e, em vez de abraçar o seu cônjuge continuamente, você volta a viver sua vida como se ainda fosse uma pessoa solteira? Bem, isso talvez não dê certo, não é? O fato de você ter escolhido se casar veio com um pacote de escolhas envolvendo algumas responsabilidades e privilégios exclusivos dos casados. O mesmo acontece com o seu cônjuge. Não se trata de controle, mas de amor e respeito.

O mesmo pode ser dito quanto à sua busca pela liberdade. Embora possa fazer tudo, nem tudo é conveniente e favorável a você. Há algumas responsabilidades e privilégios que são exclusivos daqueles que são livres, e precisamos escolher bem à medida que abraçamos a liberdade continuamente a partir de um lugar de vitória, capacitados pela graça que Deus nos dá para a nossa jornada.

Nossa busca contínua por Jesus, a fonte de toda a nossa liberdade, sempre nos levará a uma liberdade mais profunda em diferentes áreas da vida. Quanto mais crermos nas promessas que Ele fez, mais liberdade teremos da realidade temporária deste mundo caído. Leia isso mais uma vez. Isso é fé, e nem sempre faz sentido racionalmente; no entanto, faz todo sentido do mundo para aqueles que creem.

Eu estava em um dos meus momentos de silêncio quando Deus falou ao meu espírito, e entendi que Ele estava depositando em mim uma nova porção de graça. Nesse lugar de graça, Ele começou a me dar uma nova compreensão do processo gradual da liberdade, e entendi haver uma nova porção de graça para nos levar adiante para cada nível de glória e para cada nível de liberdade. Ele me deu uma nova percepção de João 8:32, onde Jesus diz: "E conhecerão a verdade, e a verdade os libertará". Quando você conhece a verdade da Palavra de Deus, ela desvenda para você uma realidade superior. A palavra *verdade* nesse versículo representa *realidade*. No entanto, talvez você adote essa realidade apenas em estágios. Cada vez que reconhece um pouco mais essa realidade e faz dela a *sua* realidade, você está um pouco mais à frente na sua jornada de liberdade naquela área. A liberdade vem de acordo com o seu nível de fé e à medida que você percebe a verdade e entende essa realidade como sua.

Isto é profundo. Dedique algum tempo para meditar nisso e permita que o Espírito Santo leve essa compreensão da sua mente para o seu coração.

Saber que Ele nos dá um novo nível de graça para cada nível de glória é extremamente reconfortante e capacitador. Somos totalmente dependentes dele, mas totalmente livres para buscar essa liberdade extravagante que Ele deseja que vivamos.

Este é o desejo dele desde o princípio. Tudo que nos resta fazer é dar a Ele o nosso *sim* destemido, que não se justifica. Sim, Senhor, eu digo sim ao Teu coração e à Tua liberdade.

À medida que continuarmos a buscar a liberdade a partir de um lugar de vitória, haverá um novo nível de graça para cada passo do caminho.

Ativação

Nesta ativação, encorajo você a fazer a oração do Salmo 139, que o rei Davi fez. Eu amo fazer e meditar nela. Busque a Deus para saber qual é o caminho dele rumo a estradas gloriosas e eternas!

Deus, eu convido o Teu olhar penetrante dentro do meu coração.

Examina-me vez após vez.

Descobre tudo que pode estar escondido em mim.

Põe-me à prova e esquadrinhe todas as minhas ansiedades.

Vê se existe algum caminho de dor que eu esteja trilhando, e conduz-me de volta aos Teus caminhos gloriosos, eternos – o caminho que me leva de volta a Ti.

Salmos 139:23-24, The Passion Translation

Passe algum tempo na presença de Deus, registrando quaisquer pensamentos que possa ter e anotando-os em um diário. Você tem a mente de Cristo e está em um momento de quietude com o Espírito Santo. Os pensamentos que vêm à sua mente, muito provavelmente, são uma conversa entre você e Deus no seu espírito! Não os descarte.

Quanto mais tiverem essas "conversas", mais você será capaz de identificá-las rapidamente e de distinguir a voz de Deus da sua própria voz.

PASSO III

ABRACE A LIBERDADE A PARTIR DE UM LUGAR DE IDENTIDADE

Minha antiga identidade (minha velha natureza) foi cruci-
ficada com o Messias e não vive mais; pois os pregos da sua
cruz me crucificaram com Ele.
E agora a essência desta nova vida não é mais minha, pois
o Ungido vive a sua vida através de mim — vivemos em
união, como um!
Minha nova vida é fortalecida pela fé no Filho de Deus que
me ama tanto que se entregou por mim, e derrama a Sua
vida na minha!

GÁLATAS 2:20, *The Passion Translation*

Eu disse *sim* a Jesus quando criança durante a minha primeira comunhão. Isso era parte do que fazíamos ao nos prepararmos para a cerimônia. Mas foi aos vinte e tantos anos, quando entreguei a minha vida e iniciei um relacionamento com Ele, que passei a ter consciência do Espírito Santo em mim. Creio que isso é o que, de fato, faz a diferença.

Eu acreditava em Jesus, sempre acreditei. Mas a Bíblia diz que até os demônios creem nele e tremem! (Tiago 2:18-20). Qual é a diferença, então? Creio que é conhecê-lo e desenvolver um relacionamento com Ele. Através do conhecimento dele, passamos a conhecer a nós mesmos e entramos em concordância com a obra que Ele fez na cruz por nós e com quem somos nele. Não por nós mesmos e pelas nossas próprias obras que poderíamos nos gloriar, mas por causa da Sua graça e da Sua fé, que nos capacita.

No dia em que entreguei minha vida a Cristo, tive uma experiência incrível. Aconteceu após um estudo bíblico. Houve um apelo ao altar, mas não pude me levantar, porque minha sobrinha estava dormindo no meu colo. Então continuei sentada, mas eu sabia que aquele apelo era para mim. No meu lugar, orei silenciosamente e entreguei a minha vida a Jesus. Eu estava mal no trabalho e devo confessar que, naquela época, o trabalho estava governando a minha vida. Ele era a minha fonte. Ouvi Deus me dar soluções e instruções específicas durante aquele estudo bíblico. Era a minha primeira vez participando de um estudo bíblico, e fiquei impressionada com o quanto ele foi produtivo para mim pessoalmente. Então, eu soube que aquele apelo era para mim.

Quando comecei a falar com Deus ali mesmo, de onde eu estava sentada, tive uma visão bem diante dos meus olhos. Eu estava sendo crucificada com Jesus, pregada à cruz. Eu estava morrendo, mas nada estava me ferindo. Então, eu me vi de pé diante dele enquanto Ele ressuscitava, em um lugar que eu não conhecia, mas que parecia ser uma ilustração de um livro de história. Ele trocou alguma coisa do Seu interior por algo que havia estado no meu interior. Eu o ouvi me dizer algumas palavras — lembro-me de quais eram elas, mas não as entendi naquele momento, assim como não entendi a visão que estava tendo.

Daquele dia em diante, comecei a frequentar os estudos bíblicos com regularidade, assim como os cultos da igreja, e comecei a estudar a Bíblia sozinha, guiada pelo Espírito Santo. Comecei a pesquisar os símbolos da minha visão e das coisas que ouvi nela. Um dia, deparei-me com este versículo e comecei a entender o que havia acontecido:

> *Fui crucificado com Cristo [isto é, nele compartilhei da Sua crucificação]; já não vivo mais eu, mas Cristo vive em mim. A vida que agora vivo no corpo pela fé [ao aderir, confiar e contar totalmente em] o Filho de Deus, que me amou e se entregou por mim.*
>
> **— Gálatas 2:20, AMP**

Este é — como tenho certeza de que você percebeu — o mesmo versículo que citei acima em uma versão diferente. Eu ainda não o compreendia totalmente; era apenas o começo. Mas percebi que a visão que eu tive era uma ilustração desse versículo.

Atualmente, posso compreender totalmente que aquilo foi muito mais do que apenas uma ilustração. Deus me permitiu ver o que Jesus fez na cruz, não apenas por mim, mas por todos nós. Jesus não morreu por nós apenas. Ele morreu no nosso lugar. Quando ressuscitou, Ele trocou a nossa velha natureza de pecado pela Sua natureza.

E nós nascemos de novo como novas criaturas nele. Não vivemos mais a mesma vida, mas uma nova vida nele — aquela que Ele nos deu de dentro de si, em troca daquela que Ele tirou de nós.

Deus está fora do tempo e o nosso espírito também. A visão que tive naquele dia foi como se Ele me levasse de volta ao dia da Sua crucificação e depois da Sua ressurreição. Ele me permitiu estar lá, vendo o que estava acontecendo e como eu exercia um papel naquilo, assim como o restante dos crentes.

Confie em mim, dizer que fiquei abalada com esse entendimento é pouco.

Este passo de abraçar a liberdade a partir de um lugar de identidade é sobre você. É sobre entrar em concordância com o que Jesus fez por você na cruz, com a sua identidade e com quem você é nele. É sobre abraçar a liberdade a partir desse lugar de identidade, sabendo quem você é. Quero lhe convidar a entrar na minha visão e se ver ali, naquele versículo, naquela cruz, sendo crucificado com Jesus e depois ressuscitado com Ele, enquanto Ele troca a Sua natureza perfeita pela velha natureza caída que você costumava ter.

9

Você é Livre da Natureza do Pecado

Portanto, se alguém está em Cristo, é nova criação.
As coisas antigas já passaram; eis que surgiram
coisas novas!

2 CORÍNTIOS 5:17

Certa vez, tive uma experiência enquanto ajudava uma pessoa a encontrar a liberdade em Deus e ouvi em meu espírito algumas instruções específicas para ela. Ela devia jogar o velho homem ladeira abaixo e abraçar o seu novo homem. Isso pode parecer tolice, mas às vezes é necessário um ato físico de obediência para liberar algo na dimensão sobrenatural. Como Moisés, que precisou estender as mãos para abrir o Mar Vermelho. Ou os sacerdotes, que precisaram tocar o Rio Jordão com os dedos dos pés às margens das águas para que o fluxo fosse interrompido. Encontramos muitos exemplos disso na Bíblia.

A pessoa a quem ajudei fez isso. E essa ação liberou algo sobrenatural. O que aconteceu depois disso é entre ela e o Senhor, não cabe a mim compartilhar, mas com certeza isso liberou algo sobrenatural na dimensão do espírito.

A verdade é que estamos em Cristo e somos nova criação. O velho homem se foi. Ele foi lançado ladeira abaixo, afogou-se no oceano. Seja lá como for que você queira retratar isso, não importa. Importa você saber que é uma nova criatura.

O que significa ser uma nova criatura? O que significa não ter a natureza de pecado? O que é a natureza de pecado e o que é a natureza de Cristo?

Vou responder a essas perguntas de forma breve, para um esclarecimento rápido. No entanto, sei que ao longo deste livro, até mesmo no passo anterior, você já deve ter entendido a resposta. Mas aqui estão elas:

- A palavra *novo* no versículo anterior significa *nunca feito antes, recente, novo na espécie e no caráter, melhor e de excelência superior.* Ser uma nova criatura significa que você foi redimido da maldição da queda, e não apenas *consertado*, mas recriado para ser melhor do que antes.

- A natureza de pecado é aquilo a que Deus se refere em Gênesis 6:6, quando Ele lamentou ter criado os seres humanos, porque as intenções dos corações humanos eram más. A natureza de pecado veio com a queda e tem uma inclinação má.

- A natureza de Cristo é a natureza de Deus, uma vez que Cristo é Deus, e Ele veio para ilustrar a natureza invisível de Deus, conforme mencionado em Colossenses 1:15-16. Acima de tudo, a natureza dele é amor — e justiça, pureza, santidade, beleza, paciência. Não dá para citar todas as coisas. Mas temos uma certeza: essa natureza é cem por cento boa.

- Quando aceitamos Jesus em nossa vida, nós nos tornamos o templo de Deus. Acontece uma troca, e esse é o conceito do novo nascimento. Ele troca a nossa velha natureza de pecado pela Sua natureza, que se torna a nossa nova natureza. O Espírito Santo entra para substituir a velha, que, daquele momento em diante, não vive mais em nós. É uma transação celestial, uma troca que acontece na dimensão do espírito no instante em que aceitamos o sacrifício de Jesus por nós e o aceitamos como nosso Senhor e Salvador.

Agora, uma vez que não temos mais uma natureza de pecado, quer dizer que é impossível pecarmos ou cometermos erros? Não, não é isso que quer dizer. Na verdade, não somos mais *inclinados* ao pecado. Os pecados e erros não definem quem somos, nem os erros que cometemos no passado. Ainda que tenhamos pecado, isso não faz de nós pecadores. Embora tenhamos enganado, isso não faz de nós enganadores. Mesmo que tenhamos mentido, isso não faz de nós mentirosos. Você já me entendeu. Jesus define quem somos porque temos a Sua natureza.

Isso não é um sinal verde para vivermos no pecado. Pelo contrário, por causa da graça de Deus por nós, agora somos capacitados para viver uma vida reta que o glorifica. Deus já nos perdoou. Quem somos não está atrelado ao que fazemos. Precisamos perdoar a nós mesmos e os outros que erraram conosco também. A graça de Deus nos capacita a deixarmos os nossos erros e os erros dos outros para trás, e a avançar para a plenitude de quem Ele nos criou para ser.

Entendo que esse possa ser um assunto contraditório para você. Talvez você tenha crescido acreditando ser um pecador salvo pela graça. Se for o seu caso, por favor, não acredite na minha palavra apenas, mas estude a Bíblia por conta própria. Isso pode exigir que você abra mão do seu desejo de ter razão e que, em vez disso, abrace um desejo profundo pela verdade. Um pastor que conheço costuma dizer: "Repita comigo: Não preciso ter razão; eu só preciso conhecer a verdade". Agora, repita isso em voz alta. É algo muito libertador.

Eis alguns versículos, mas também procure outros por conta própria.

> *Vocês não sabem que os seus corpos são membros de Cristo? Tomarei eu os membros de Cristo e os unirei a uma prostituta? De modo nenhum! Vocês não sabem que aquele que se une a uma prostituta é um corpo com ela? Pois, como está escrito: "Os dois serão uma só carne". Mas aquele que se une ao Senhor é um espírito com ele. Fujam da imoralidade sexual [sob qualquer forma, seja por pensamento ou comportamento, seja visual ou escrita]. Todos os outros pecados que alguém comete, fora do corpo os comete; mas quem peca sexualmente, peca contra o seu próprio corpo. Acaso não sabem que o corpo de vocês é santuário do Espírito Santo que habita em vocês, que lhes foi dado [recebido como um presente] por Deus, e que vocês não são de si mesmos? Vocês foram comprados por alto preço [vocês foram realmente comprados com o precioso sangue de Jesus e feitos dele]. Portanto, glorifiquem a Deus com o corpo de vocês.*

> **— 1 Coríntios 6:15-20, AMP**

Vocês não sabem que vocês [a Igreja] são o santuário de Deus e que o Espírito de Deus habita [permanentemente] em vocês [coletiva e individualmente]? Se alguém destruir o santuário de Deus [corrompendo-o com uma falsa doutrina], Deus destruirá o destruidor; pois o santuário de Deus, que são vocês, é santo (sagrado), e é isso que vocês são.

— 1 Coríntios 3:16-17, AMP

Não se ponham em jugo desigual com descrentes [não façam alianças incompatíveis a eles, incoerentes com a sua fé]. Pois que parceria pode a justiça ter com a iniquidade? Ou que comunhão pode ter a luz com as trevas? Que harmonia pode haver entre Cristo e Belial (Satanás)? Ou o que há de comum entre o crente e o descrente? Que acordo há entre o templo de Deus e os ídolos? Pois somos santuário do Deus vivo. Como disse Deus: "Habitarei com eles e entre eles andarei; serei o seu Deus, e eles serão o meu povo". Portanto, "saiam do meio deles e separem-se", diz o Senhor. "Não toquem em coisas impuras, e eu os receberei graciosamente e lhes darei as boas-vindas [com favor], e lhes serei Pai, e vocês serão meus filhos e minhas filhas", diz o Senhor Todo-poderoso.

— 2 Coríntios 6:14-18, AMP

Portanto, vocês já não são estrangeiros nem forasteiros [estranhos sem direitos de cidadania], mas concidadãos dos santos (o povo de Deus) e membros da família de Deus, edificados sobre o fundamento dos apóstolos e dos profetas, tendo Jesus Cristo como [principal] pedra angular, no qual todo o edifício é ajustado e [continuamente] cresce para tornar-se um santuário santo no Senhor [um santuário dedicado, separado e sagrado para a presença do

Senhor]. Nele [e em comunhão entre si] vocês também estão sendo juntamente edificados, para se tornarem morada de Deus por seu Espírito.

— Efésios 2:19-22, AMP

Vocês estão sendo utilizados como pedras vivas na edificação de uma casa espiritual para serem sacerdócio santo, oferecendo sacrifícios espirituais aceitáveis a Deus, por meio de Jesus Cristo.

— 1 Pedro 2:5

Portanto, se alguém está em Cristo [isto é, enxertado nele e unido a Ele pela fé nele como Salvador], é nova criação [renascido e renovado pelo Espírito Santo]. As coisas antigas [o velho estado moral e espiritual] já passaram; eis que surgiram coisas novas [porque o despertamento espiritual traz uma nova vida]!

— 2 Coríntios 5:17, AMP

Não mintam uns aos outros, visto que vocês já se despiram do velho homem com suas práticas más, e se revestiram do novo [ser espiritual], o qual está sendo continuamente renovado em verdadeiro conhecimento, à imagem do seu Criador. Nessa nova vida já não há diferença entre grego e judeu, circunciso e incircunciso, [nem entre nações, seja] bárbaro ou cita, [nem de condição, quer seja] escravo ou livre, mas Cristo é tudo e está em todos [de modo que os crentes são iguais em Cristo, sem distinção].

— Colossenses 3:9-11, AMP

Mantenham o pensamento e fiquem focados habitualmente nas coisas do alto [as coisas celestiais], e não nas coisas terrenas [que só têm valor temporal].

— Colossenses 3:2, AMP

Por isso não desanimamos [não fiquemos abatidos, decepcionados ou com medo]. Embora exteriormente estejamos a desgastar-nos [progressivamente], interiormente estamos sendo renovados [progressivamente] dia após dia, pois os nossos sofrimentos leves e momentâneos [estas tribulações passageiras] estão produzindo para nós uma glória eterna [uma plenitude] que pesa mais do que todos eles [que ultrapassa toda comparação, um esplendor transcendente e uma bem-aventurança eterna].

— 2 Coríntios 4:16-17, AMP

A minha antiga identidade (minha velha natureza) foi crucificada com o Messias e está morta; pois os pregos da sua cruz me crucificaram com Ele. E agora a essência desta nova vida não me pertence mais, pois o Ungido vive a sua vida através de mim — vivemos em união como um só ser! A minha nova vida é fortalecida pela fé no Filho de Deus que me ama tanto que se entregou por mim, e derrama a sua vida na minha!

— Gálatas 2:20, TPT

Pois vocês foram incluídos na morte de Cristo e morreram com Ele para o sistema religioso e para os poderes deste mundo. Não voltem a ser importunados pelos padrões e opiniões da religião.

— Colossenses 2:20, TPT

Compartilhar da sua morte pelo nosso batismo significa que fomos sepultados com Ele, de modo que quando a glória do Pai ressuscitou Cristo dos mortos, nós também fomos ressuscitados com Ele. Fomos ressuscitados com Ele para que pudéssemos ser capacitados a andar em novidade de vida.

— Romanos 6:4, TPT

Portanto, se alguém está em Cristo, é nova criação. As coisas antigas já passaram; eis que surgiram coisas novas!

— 2 Coríntios 5:17

Ora, se alguém está coberto por Cristo, ele se tornou uma criatura inteiramente nova. Tudo que está relacionado com a antiga ordem desapareceu. Eis que tudo é recente e novo.

— 2 Coríntios 5:17, TPT

Somos uma nova criação em Cristo Jesus e temos a Sua natureza santa e perfeita. Esse é um entendimento crucial para andarmos na nossa identidade restaurada — andar no entendimento de que não somos pecadores salvos pela graça, mas, na verdade, somos santos. Entender isso é essencial para abraçar a liberdade a partir de um lugar de identidade. Já se deu conta de que, quando Jesus morreu na cruz por nós e perdoou todos os nossos pecados, eles estavam todos no futuro? Nenhum deles havia acontecido ainda. Ainda assim, Ele ainda nos achou dignos de morrer por nós! Ele faria isso outra vez! Mas não precisa, pois já está consumado. E somos perdoados, redimidos e uma nova criação inteiramente nova.

Você é um Ser Trino

Somos seres espirituais. Somos um espírito, temos uma alma e vivemos em um corpo. Somos seres trinos, assim como o próprio Deus. O nosso espírito veio de Deus. É o sopro de vida que Deus soprou sobre nós no princípio.

A nossa alma inclui nossos pensamentos, sentimentos, emoções e desejos.

E o nosso corpo é a estrutura biológica que abriga tudo, através da qual experimentamos esta vida aqui na terra. Nosso corpo inclui os nossos órgãos, assim como os nossos sentidos: visão, audição, tato, olfato e paladar. De modo que somos seres biológicos, emocionais, espirituais e sociais.

Isso significa que enquanto vivermos no nosso corpo terreno, o nosso ser biológico e emocional afeta quem somos espiritual e emocionalmente e vice-versa. Todas as três partes estão ligadas. Nenhuma das três partes jamais fica isolada. Costumamos tender a tratar as coisas como situações isoladas. Problemas da alma, como as questões de saúde mental e emocional. Problemas físicos, como dores de cabeça ou problemas de saúde. E problemas espirituais, como ataques demoníacos. Precisamos pedir discernimento a Deus no que se refere ao nosso ser como um todo. A partir disso, podemos começar a entender onde está a raiz do problema, a fim de podermos tratá-lo adequadamente e sermos livres dele, e não apenas sermos aliviados dos sintomas.

O espírito já foi recriado. Como discutimos, precisamos apenas fortalecê-lo continuamente, construindo um relacionamento diário com Jesus. O corpo um dia voltará ao pó; apenas temos de cuidar bem dele enquanto estamos aqui nesta terra, comendo bem, dormindo bem e nos exercitando. Agora, nossa mente, nossas emoções e nossa vontade — as quais representam a nossa alma — precisam ser renovadas diariamente. Esta é a renovação da nossa mente de que a Bíblia fala em Romanos 12:2, como falamos anteriormente. Nossa luta nesta terra é real, e o pecado e o mal também são. A luta continuará até Jesus voltar. No entanto, a luta, o pecado e o mal não estão em nós. Eles estão *contra* nós. Você não está lutando contra carne e sangue, e isso inclui a sua própria carne e sangue. A nossa luta é contra os principados e as potestades deste mundo, como Paulo descreveu em Efésios 6:12.

Quando lemos sobre o nosso subconsciente, creio que todos nós entendemos que somos quem acreditamos ser. Portanto, precisamos estar em concordância e alinhamento com quem Deus diz que somos e com os desejos dele para nós — saúde perfeita, cura e restauração. Não apenas no nosso espírito, mas no nosso corpo e alma também — todos os nossos pensamentos, sentimentos, emoções e desejos. Se cremos de forma diferente, precisamos nos esforçar de maneira racional para renovar a nossa mente quanto a isso e para reprogramar nossa maneira de pensar.

Conforme nos firmamos na nossa identidade como filhos de Deus, oro para que Ele continue a nos revelar quem somos nele e o quanto somos preciosos para Ele.

Ativação

Nesta ativação, eu adoraria que você tivesse a experiência da troca de natureza que aconteceu quando você disse sim a Jesus. Creio que este é um convite diretamente do Espírito Santo a você, para que você tenha um encontro íntimo com Ele.

Vou lhe descrever um cenário, para que você possa alinhar a sua mente com o Espírito Santo e permitir que Ele leve você e a sua imaginação santificada para onde Ele desejar. Certifique-se de anotar a sua experiência em um diário e divirta-se registrando cada detalhe!

Você está com Jesus. Não há mais ninguém.

Onde você está? Quem está ao seu redor?

Você entra em um local e se vê diante de um enorme espelho.

Ele lhe pede para olhar para si mesmo e observar. O que você vê?

Existe alguma coisa com a qual você está muito feliz?

Você pode ver além da aparência física?

Há alguma coisa de que você não gosta? Ela vai além do físico?

Ele pergunta se há alguma coisa que você gostaria que Ele retirasse de você.

Então, Ele troca o coração dele pelo seu, a natureza dele pela sua. Ele pega o que é seu e lhe dá o que é dele.

Como você se sente? O que sentiu durante e depois dessa troca?

Antes de sair desse lugar, Ele fica de frente para você, olha nos seus olhos e lhe diz que Ele tem um presente para você. Que presente é esse?

Obrigado, Espírito Santo, pelos belos encontros. Obrigado, Jesus, pelos seus lindos presentes. Em Teu nome, nós Te louvamos e Te damos graças!

10

Você é Livre para Ser Sal e Luz

A grandeza é a humildade que não precisa ser notada.

(FONTE DESCONHECIDA)

Creio que há muita falsa humildade na Igreja hoje, e um senso de honra distorcido, o que trouxe a idolatria e a divisão para muitos ministérios.

Há não muito tempo, nossa igreja estava passando por um período de mudança e aperfeiçoamento de seu aspecto visual. Creio que essa melhoria na aparência física refletia e ilustrava um novo tempo para o qual Deus estava nos preparando no espírito. Alguns meses antes do lançamento desta nova imagem, tive uma visão na qual Deus me mostrou que uma nova estação viria sobre a igreja, sobretudo para a vida dos meus pastores. É claro, eles são os líderes do ministério

— tudo precisa vir a eles e através deles primeiro. Isso faz todo sentido. Mal sabia eu que o lançamento estava vindo. Eu sabia que havia um novo tempo chegando, e obviamente há uma preparação para todos os departamentos envolvidos, então, cada líder de departamento fica ciente. Eu não sabia sobre a parte visual. A esposa do meu pastor havia mencionado algo sobre identidade visual, mas eu não fazia ideia do que ela estava dizendo.

Um dia, os pastores anunciaram à equipe de liderança — inclusive a mim — que lançaríamos a nova identidade visual no fim de semana seguinte. Naquele mesmo fim de semana, eles colocaram um vídeo apresentando a nova identidade visual da igreja, com a missão e a visão, a qual não havia mudado, e apresentaram o novo logotipo da igreja. O vídeo era uma coletânea de imagens, e o pastor narrava ao fundo. No final, tudo se encontrava com o logotipo. Fiquei fascinada. Eu estava boquiaberta porque aquilo tudo ilustrava a minha visão de seis meses antes. Chorei do princípio ao fim. O vídeo era fantástico, o logotipo era impressionante, e era incrível saber que aquilo ilustrava a minha visão.

Mas, na verdade, o que me fez chorar foi a excelência, a grandeza e a total humildade da esposa do meu pastor e o seu coração de serva. Quanto trabalho ela havia dedicado a tudo isso, com a ajuda de um dos nossos membros, que também é incrível. Ambos fizeram isso sozinhos, sem pedir ajuda, com um coração puro para servir à congregação. Ela mandou uma empresa de marketing criar a logo, mas fez todo o trabalho de pesquisa, imagem e dados — ela e esse outro membro. Essa visão e essa estação eram para ela, antes de qualquer outra pessoa, e não faço ideia se ela se dava conta disso. Mas, ainda assim, ela foi quem serviu a todos com humildade, sem necessidade de ser notada ou reconhecida.

Essa mulher tem um emprego de tempo integral, um marido e uma casa. E ali está ela, servindo incansavelmente, sem necessidade de ser notada. Eu sabia que ela era responsável porque conheço o seu toque. Mas ninguém mais percebeu. Depois, o pastor deu os créditos a ela, assim como à pessoa que a havia ajudado com tamanha excelência. Mas, sinceramente, ela não precisava desse reconhecimento. O pastor apenas ama dar honra a quem honra é devida. Ela estava fazendo o que é natural para ela fazer, e isso acontece o tempo todo. Ela *serve* com excelência o povo que Deus confiou aos seus cuidados, e ela é ótima. Porque a grandeza é a humildade que não precisa ser notada. Ela estava sendo sal e luz, como sempre é.

Ela inspira as pessoas que a cercam e as impulsiona a quererem fazer o mesmo: ser excelentes na maneira em que foram chamadas para servir, sendo sal e luz. Porque à nossa própria maneira, todos nós fomos chamados para ser o mesmo:

Vocês são o sal da terra. Mas se o sal perder o seu sabor, como restaurá-lo? Não servirá para nada, exceto para ser jogado fora e pisado pelos homens. Vocês são a luz do mundo. Não se pode esconder uma cidade construída sobre um monte. E, também, ninguém acende uma candeia e a coloca debaixo de uma vasilha. Pelo contrário, coloca-a no lugar apropriado, e assim ilumina a todos os que estão na casa. Assim brilhe a luz de vocês diante dos homens, para que vejam as suas boas obras e glorifiquem ao Pai de vocês, que está nos céus.

— Mateus 5:13-16

Vamos falar sobre o sal primeiro. A maioria das pessoas usa o sal para cozinhar; sem ele, a comida pode ficar sem gosto. Nasci no Brasil e amamos comer arroz branco em quase todas as refeições. Suponhamos que você esteja fazendo arroz branco. Ele parece delicioso, tem um aroma maravilhoso, o cheiro do alho fritando invade a casa toda, e você mal pode esperar para comê-lo. Você está com fome, o seu bife está pronto, mas está esperando pelo arroz. A panela de arroz apita, e ele está pronto! Ao prová-lo, percebe que se esqueceu de acrescentar sal. Ah, não! Ficou completamente sem gosto! Isso mostra o quanto o sal é essencial. Ele intensifica e realça o sabor da comida que você está cozinhando.

No entanto, ao acrescentar sal e ficar ótimo, saboroso e delicioso, ninguém diz: "Puxa, este sal está fantástico!" Na verdade, todos dizem: "Este arroz está delicioso". E se você acrescentasse açúcar no lugar do sal, daria no mesmo? Não. Porque o sabor que o sal dá é único. Só o sal pode fazer isso.

Embora o sal seja essencial para realçar o sabor de cada comida deliciosa, é a comida que leva o crédito por ser boa, e não o sal. No entanto, todos sabemos que sem sal, ela jamais atingiria o seu pleno potencial de sabor.

Esta é uma metáfora sobre nós. Somos o sal da terra. Deus confiou pessoas ao nosso círculo de influência e precisamos dar sabor a elas. Elas não atingirão seu potencial sem a nossa grandeza, sem o nosso acréscimo e sem a nossa influência em suas vidas. De maneira alguma devemos nos gabar. Tudo isso é por causa de Jesus em nós. É uma humildade que não precisa ser notada, porque não é sobre nós. Amo a maneira como a esposa do meu pastor tem sido um exemplo tão lindo desse serviço para mim e para a nossa igreja.

Em Mateus 5:13, Jesus diz que se o sal perder o seu sabor, ele perde o seu propósito. Sabe como o sal pode perder o seu sabor? Achei isso profundo. E é claro que Jesus tem uma mensagem para nós aqui, como sempre. O sal perde o seu sabor pela contaminação ou pela separação. Consegue ver o quanto isso é profundo? Podemos perder a nossa capacidade de fazer o que Deus nos chamou para fazer quando as impurezas deste mundo contaminam o nosso coração, o qual pode ser contaminado quando pensamos que deveríamos receber o crédito por tudo que fazemos. O orgulho — ou a falsa humildade, que é o orgulho disfarçado — é um dos maiores agentes de contaminação.

Também podemos perder o sabor quando somos contaminados pela nossa própria grandeza sem humildade. É algo que pode soar mais ou menos assim: "É claro que outra pessoa poderia ter feito todo o trabalho duro; eu sou o líder". Ou: "Eu não deveria estar carregando todo este peso sozinho; eu sou o líder, e já carrego peso espiritual o bastante". Até mesmo: "Não estou sendo honrado; eles não me honram como deveriam". Ou: "Por que preciso fazer tudo isso sozinho? Será que os outros na igreja não podem ajudar?" Há muitos fatores que podem nos contaminar. Às vezes, esses pensamentos são plantados por outras pessoas que acham que estão honrando o líder. Mas, na verdade, elas estão trazendo divisão ao ministério e contaminação ao coração do líder. Não entrarei em mais exemplos agora. Darei espaço para o Espírito Santo se mover e lhe revelar se há alguma coisa contaminando você e removendo o seu sabor como sal.

A segunda coisa que pode nos fazer perder o nosso sabor como sal é a separação. Nada pode nos separar do amor de Deus, mas algumas coisas com certeza podem nos separar da nossa consciência do amor dele por nós. Pode ser o pecado ou erros que cometemos, que o inimigo usa para nos acusar e dizer que estamos longe de Deus, o que obviamente é impossível, porque Ele está em nós. Mas de alguma forma, acabamos acreditando nessa mentira ou até nos separamos dos outros crentes. Uma ovelha solitária é mais fácil de se tornar uma presa, e um crente solitário também.

Encorajo você a passar tempo com o Espírito Santo e a pedir a Deus para sondar o seu coração a fim de ver se existe alguma separação que precise ser tratada. Às vezes, a coisa mais fácil a fazer quando estamos em um lugar de dificuldade emocional é nos separarmos dos outros crentes. Tendemos a pensar e a acreditar que ninguém nos compreende. É claro, há alguns lugares que não deveríamos estar por não serem saudáveis. Mas a Palavra de Deus diz que o ferro afia o ferro (Provérbios 27:17) e que não é bom que o homem esteja só — referindo-se à humanidade, e não ao gênero (Gênesis 2:18). Portanto, quanto mais nos isolamos, maior é a probabilidade de mergulharmos em um poço de autopiedade.

Não é incrível a correlação que Jesus faz entre o sal e nós, e como o sal pode perder o sabor? Achei isso profundo. A diferença é que, diferentemente do sal regular, nós fomos restaurados. Ele pagou um preço para redimir o nosso "sabor", o nosso propósito e a nossa grandeza. Assim, se Ele está trazendo alguma coisa à tona, é porque você está pronto para ser curado e para receber restauração completa.

Agora, a luz. Pense nas vezes em que você assistiu a uma peça no teatro. Você percebeu como os refletores fazem com que as pessoas fiquem bonitas? Sabemos que elas são importantes porque eles estão sobre elas. Ninguém diz: "Essa luz é incrível". Todos observam a pessoa que está sob a luz. No entanto, se a luz não estivesse ali, você não conseguiria ver a apresentação. A luz é essencial para fazer com que a pessoa que está sob ela brilhe; no entanto, a pessoa é quem recebe o crédito, e não a luz.

O conceito é o mesmo para nós. Jesus diz que nós somos a luz e somos o sal. Ele está dizendo que somos *essenciais*. Somos aqueles que fazem a diferença por onde quer que formos. Somos aqueles que extraem o sabor das pessoas que nos cercam. Ele nos colocou onde estamos para um tempo como este. Quando entramos em um lugar de trevas, nós o iluminamos, porque a luz é superior à escuridão. Ele nos escolheu para cooperarmos com Ele e para sermos Seus parceiros a fim de tornar este mundo um lugar melhor. Nós temos valor!

Devemos fazer a diferença na vida dos que nos cercam sem esperar reconhecimento por fazer isso. O sal e a luz potencializam. Eles recebem pouco ou nenhum crédito, mesmo assim, sem eles, nada seria o mesmo.

É assim que somos. Sal e luz. Essenciais para a vida de todos os que Deus nos confiou — amigos, cônjuges, filhos, funcionários. Somos essenciais para a vida deles, para o crescimento deles e para o bem-estar deles. Quem somos em Cristo é essencial para as vidas deles. Do mesmo modo, quem eles são em Cristo é essencial para a nossa vida. E é por isso que Deus nos uniu. Cristo em nós é a esperança da glória!

Que não subestimemos isso. Sejamos sal e luz, servindo o próximo com excelência e grandeza, em humildade e bondade, sem esperar receber crédito por isso. Esse ato de serviço é poderoso e transformador. Quando temos a humildade para capacitar o próximo, como o sal realça a comida e a luz ilumina as pessoas, sem esperar reconhecimento e sem necessidade de ser notado, entramos em um nível inteiramente novo de liberdade. Creio que algo incrível acontece neste nível, o qual as palavras não conseguem expressar. É uma recompensa divina. Uma profunda satisfação que só pode ser dada pelo nosso Pai celestial àqueles que são livres para serem sal e luz.

Ativação

Esta ativação pode lhe tirar um pouco da sua zona de conforto, como as ativações geralmente fazem, no bom sentido! Se você não tem certeza de como foi chamado para servir, esta pode ser uma ativação em duas partes para você e pode ser ainda mais fora da sua zona de conforto, e está tudo bem.

Vamos procurar alguém a quem possamos servir fora do círculo de pessoas que geralmente servimos, e façamos isso por essa pessoa da maneira que acreditamos que Deus nos chamou para servir. Pode ser entregando uma palavra de encorajamento a alguém no mercado. Orar por um estranho em um ponto de ônibus. Visitar um asilo. Lavar o banheiro de alguém. Ou, talvez, apenas dar um grande abraço em alguém.

Como Deus lhe chamou para servir? Se não sabe, pergunte a Ele. Talvez perceba uma inclinação no seu coração ou talvez seja algo que você naturalmente ama fazer. Você pode seguir fazendo isso por ora e continuar a contar com o Espírito Santo enquanto Ele continua revelando a você como Ele lhe chamou para ser sal e luz. A ideia aqui não é colocar pressão sobre você, mas experimentar o próximo nível de um servir humilde, sem esperar nada em troca e sem necessidade de ser notado.

11

Você é Livre para Ser Você
E Não se Comparar

A comparação é o ladrão da alegria.

THEODORE ROOSEVELT

Quando ouvi alguém dizer essa frase pela primeira, não sabia que ela pertencia originalmente a Theodore Roosevelt, a pessoa mais jovem a assumir a presidência dos Estados Unidos da América. Isso me leva a acreditar que ele era um homem sábio que entendia a importância de não se comparar com ninguém.

Podemos ficar super felizes com um novo par de sapatos até que alguém apareça com o seu novo par de sapatos sofisticados, exóticos e luxuosos, feitos de pele de crocodilo. Isso mata a nossa alegria porque agora comparamos os nossos sapatos com outros que parecem melhores.

O mesmo acontece com os nossos dons, talentos, habilidades e até com a nossa unção.

A comparação é diferente da inveja, mas acredito que a precede e se transforma em inveja se não tomarmos consciência e lidarmos com ela com sabedoria antes que se torne um grande monstro.

Quando crianças, eu e minha melhor amiga queríamos ganhar algum dinheiro, então decidimos fazer alguns doces para vender na escola. Eu faria pirulitos de chocolate, e ela faria um doce brasileiro--italiano que era incrivelmente delicioso. Fiz muitos pirulitos e estava muito empolgada para que ela chegasse e eu pudesse mostrar minha habilidade. Ao chegar com uma bandeja dos seus doces de dar água na boca, ela me pediu para experimentar um, e, é claro, eles eram deliciosos — mas a minha alegria desapareceu. Por quê? Com a minha mente de criança, eu não consegui entender por que fiquei triste, mas ao ficar mais velha, entendi. Foi por comparar as minhas habilidades como doceira às da minha amiga. Eu não sabia fazer os doces que ela fazia. Tudo que eu sabia fazer era derreter chocolate, colocar nas formas plásticas com um palito e fazer pirulitos. Mas os doces dela eram divinos.

Aquela comparação matou a minha alegria. Não importava que eu tivesse feito cem pirulitos, ou o quanto eu estava feliz antes da minha amiga chegar com os seus doces celestiais, ou o quanto eu estava empolgada para vender aquilo tudo no dia seguinte. Aquele sentimento ladrão da alegria fez com que eu sabotasse o nosso pequeno negócio, e logo não estávamos mais fazendo aquilo. Minha amiga ficou triste, e eu também, e nós nem sequer entendíamos por quê. Éramos apenas crianças. Mas ali estava ela — a comparação, o ladrão da alegria, é uma grande sabotadora.

Eu gostaria de poder lhe dizer que este foi o único encontro que tive com a comparação. Infelizmente, não foi. Ela esteve presente na minha adolescência. Eu sempre tive muito além do que precisava e que queria, mas quando nos comparamos com os outros, sempre achamos que não é suficiente e acabamos sabotando a nossa própria alegria. Fiz isso por muito tempo sem perceber.

Para ser sincera, não creio que a minha falta de percepção tenha sido por eu ser jovem ou por ainda não caminhar com o Senhor. Vejo crentes adultos que caminham com o Senhor tendo o mesmo comportamento. Acho que não sabemos e ponto final.

Somente quando cheguei aos trinta anos percebi que eu estava vivendo o jogo da comparação. Só percebi quando era a gerente de uma empresa e uma recém-convertida ao Evangelho. Um dia, tive uma discussão com outra gerente no trabalho sobre algo relacionado a vendas. Um ambiente de vendas pode ser hostil, e esta era a minha vida. O comportamento e a atitude dela para comigo abriu os meus olhos para a maneira como eu estava agindo com ela e como isso estava promovendo uma competição e uma comparação nada saudáveis. Quando os meus olhos foram abertos para a minha própria atitude naquele momento, pude ver como eu estava me comparando de modo geral, em diferentes níveis, em diferentes áreas da minha vida.

Isso já aconteceu com você? De repente, você tem uma revelação, e os seus olhos são abertos para algo que estava ali o tempo todo. Foi como se eu saísse do meu próprio corpo e observasse a minha vida como um filme — e meu comportamento não era bom nem gentil. E a comparação estava causando a maior parte disso. Esse pequeno filme me fez lembrar dos dias em que eu fazia pirulitos de chocolate.

De repente, percebi o que estava sabotando a minha alegria. Era algo familiar, porém não identificado: a comparação.

Daquele dia em diante, passei a estar muito consciente desse sentimento sabotador e ladrão de alegria. E eu não estava mais disposta a deixar que ele me sabotasse ou matasse a minha alegria. O que não significava que ele nunca mais tentaria se levantar contra mim. Mas eu estava consciente dele e podia reconhecê-lo. Sempre que se levantava contra mim, ele tinha cada vez menos poder, porque eu me tornava cada vez melhor em contra-atacá-lo. Quando digo contra-ataque, quero dizer contra o inimigo — o ladrão da alegria, a comparação — e não contra as pessoas.

O nosso contra-ataque é assumir a nossa própria identidade. Assumir os nossos próprios dons, talentos, qualidades e o bem que há em nós mesmos, que, às vezes, temos dificuldade em ver. Aprendemos a reconhecê-los e a crescer neles. Abrimos mão da falsa humildade, sabendo que Deus nos deu coisas que nos tornam especiais e únicos. Porque a verdadeira humildade não é pensar menos de nós mesmos, como geralmente tendemos a fazer. É pensar menos *em* nós mesmos.

Quanto mais nos conhecemos, menos queremos nos comparar com outra pessoa e mais podemos apreciar os outros por quem eles são. Porque, no fim das contas, Deus designou a todos para completar e complementar uns aos outros, e não para competirmos ou para nos compararmos com eles.

Não ache que compartilho essas histórias porque gosto de expor as minhas falhas passadas. De forma alguma. Eu as compartilho porque quero que saiba que superar os nossos erros passados é parte da nossa busca por um estilo de vida de liberdade. Sempre que superamos alguma coisa que se levanta contra nós ou que tenta nos manter em cativeiro, conquistamos outro nível de liberdade naquela área e, assim, crescemos de glória em glória e de liberdade em liberdade.

Cresceremos até vermos Jesus face a face. Sempre há mais glória e mais liberdade. Ainda há mais. Compartilhando nossos erros passados e os testemunhos do que conseguimos superar com o Espírito Santo, estamos criando uma atmosfera para que Ele possa fazer isso de novo, e estamos convidando outros para entrarem nas áreas de liberdade que já conquistamos.

Por mais belos e únicos que sejamos, Deus nos criou para ajudar outros a brilharem também. Não poderíamos fazer isso sem reconhecer o nosso valor próprio. Não estamos aqui para nos comparar com os outros. Não há problema em ser inspirado e motivado pela maneira como as outras pessoas se comportam e agem com o Espírito Santo, mas nunca devemos nos comparar. Porque por mais que tentemos, acabaremos sempre sendo uma versão pobre e péssima da outra pessoa que estamos tentando ser.

Enquanto continuamos a buscar a liberdade a partir de um lugar de identidade, é importante saber e entender que Deus pensou profundamente em nós antes da criação do mundo. Ele nos criou de forma tão única, e é essencial abraçarmos essa nossa singularidade. Somos livres para ser quem Deus nos criou para ser, sem comparações. Que possamos descobrir quem somos.

Ativação

Passe algum tempo com o Espírito Santo e peça a Ele que lhe revele algumas das suas características únicas que Ele ama em você. Quais são algumas características do seu caráter que se parecem com o caráter de Deus? Você foi criado à imagem dele.

Pergunte a algumas pessoas que você ama e em quem confia quais são as suas qualidades únicas e quais são as qualidades que eles amam em você.

Agora pergunte a si mesmo quais são suas qualidades únicas e que qualidades ama em si mesmo.

Pergunte ao Espírito Santo se existe alguma área na qual você tem se comparado com os outros e dedique algum tempo para ouvir. Se houver, peça a Deus para lhe perdoar, aceite o perdão dele e receba a plenitude de quem você é, pois você é livre para ser isso.

Dedique algum tempo para escrever no seu diário e para meditar nisso. Esse passo é importante!

12

Você é Livre para Multiplicar

Os dons são de graça, mas a maturidade é cara.

BILL JOHNSON, *Café Espiritual*

Há alguns anos, minha irmã comprou uma casa de campo. O espaço de terra é bom, suficiente para ela ter algumas árvores frutíferas, algo que ela sempre quis. Não dá para ter isso nos pequenos quintais pré-fabricados que temos na maioria das casas no centro de Miami. Ela estava empolgada e planejando todas as árvores frutíferas que teria.

Um dia, acessei uma página na internet para comprar o broto de uma árvore frutífera de presente para ela — sei que é um presente de aniversário estranho, mas era o que ela queria. Descobri que as árvores frutíferas, na verdade, eram muito caras. Começamos a conversar sobre isso algum tempo depois, quando questionei por que ela não podia simplesmente plantar as sementes das frutas que comíamos. Nós já comprávamos a fruta; as sementes vinham com ela. Elas eram um acréscimo. Fazia sentido para mim.

Ela me explicou que era necessário que acontecesse um processo para que aquela semente se tornasse um broto de árvore. E esse processo exigia muito amor, tratamento cuidadoso e atenção, cuidados especiais e adubo especial destinado particularmente para cada tipo de planta, e tudo o mais que fosse necessário — não consigo me lembrar de tudo que ela mencionou. Agora fazia sentido a razão pela qual as pessoas cobravam tanto dinheiro pelos brotos de árvores. Na verdade, era pelo processo que elas estavam cobrando. Não é de admirar que eles chamem os lugares onde vendem brotos de árvores de berçários.

A questão é que toda fruta tem sementes, e a semente contém o potencial de se tornar como a fruta de onde ela veio. Entretanto, para se tornar esse fruto, requer tempo, cuidado, nutrição, o ambiente certo e a atmosfera certa, e quantidade certa de luz solar, de nutrientes e de tudo o mais que o processo exige. A semente é um presente que vem com o fruto quando o compramos em algum lugar ou de alguém. O fruto é maturidade. Os dons são de graça, mas a maturidade é cara. É por isso que quanto mais madura é a árvore, mais cara ela é.

A esta altura, entendemos que todos nós recebemos, gratuitamente, o dom da liberdade. E ele nos foi dado como uma semente. Agora é nossa responsabilidade buscar um estilo de vida de liberdade — amadurecer, multiplicar essa liberdade para todas as áreas da nossa vida, vivê-la, fazê-la crescer e transformá-la em fruto.

Assim como o fruto tem sementes que podem multiplicar esse fruto, somos a semente de Deus. Temos o DNA dele. Assim sendo, temos a responsabilidade de multiplicar. De amadurecer e de nos tornarmos como Aquele segundo o qual fomos criados.

> *Então disse Deus: "Cubra-se a terra de vegetação: plantas que deem sementes e árvores cujos frutos produzam sementes de acordo com as suas espécies". E assim foi.*
>
> **— Gênesis 1:11**

Quando Deus nos criou, Ele plantou a Sua semente em nós. Ele criou o potencial para sermos tudo que Ele pretendeu que fôssemos. Ele criou a nossa identidade para sermos como o próprio Criador. Ele nos deu o Seu DNA.

> *Então disse Deus: "Façamos o homem à nossa imagem, conforme a nossa semelhança".*
>
> **— Gênesis 1:26**

> *Então o Senhor Deus formou o homem do pó da terra e soprou em suas narinas o fôlego de vida, e o homem se tornou um ser vivente.*
>
> **— Gênesis 2:7**

No princípio, assim que Deus criou a humanidade, Ele nos abençoou e disse: sejam frutíferos e multipliquem-se, e subjuguem a terra. Isso revela o nosso propósito. Ou pelo menos o começo do nosso propósito. Multiplicar! Multiplicar o Seu caráter, a Sua glória, os dons e talentos que Ele colocou em cada um de nós. E *subjugar* — ter domínio sobre a terra. Isso requer maturidade. Requer buscarmos continuamente o dom da liberdade que herdamos e que o multipliquemos a partir de um lugar de identidade.

O que isso significa para nós? Como podemos fazer isso? Como podemos nos multiplicar e amadurecer? Vimos e entendemos como Deus plantou uma semente em nós que é, na essência, o potencial de sermos como Ele. De modo que ser frutífero é garantir que cultivemos essa semente em nós, o fruto do Espírito, para nos tornarmos cada vez mais como Ele. Multiplicamos o caráter e a glória de Deus andando em "amor [preocupação altruísta pelos outros], alegria, paz [interior], paciência [não a capacidade de esperar, mas a maneira como agimos enquanto esperamos], bondade, benignidade, fidelidade, mansidão e domínio próprio.

— Gálatas 5:22-23, AMP

Você não precisa implorar e chorar para uma laranjeira produzir laranjas. Isso é o que ela faz naturalmente. Mas como aprendemos anteriormente, precisamos dar as condições adequadas para a árvore crescer, amadurecer e dar frutos. Se não dermos à árvore em desenvolvimento o que ela necessita, como os nutrientes, a exposição ao sol e um bom solo, ela não produzirá frutos, embora tenha o potencial para isso. O mesmo acontece conosco. Não deveríamos ter de implorar e chorar para sermos livres e produzirmos o fruto do Espírito. Já somos livres, e o fruto do Espírito já está em nós — é quem já somos. O que temos de fazer é fornecer as condições adequadas. A exposição correta ao Filho (Jesus), a quantidade certa de água (o Espírito Santo), e uma boa terra (um coração sensível, arado pelo amor do Pai).

O fruto do Espírito que produzimos quando cultivamos o Espírito Santo em nós é a multiplicação do caráter de Deus —

a Sua bondade e glória. Diferente de tudo que Deus criou, Ele nos criou de uma forma única. Somos a única criatura viva sobre a qual Ele soprou. A palavra *soprar* nesse versículo que lemos também pode significar espírito. Ele soprou o Seu Espírito dentro de nós quando nos criou à Sua imagem.

Temos em nós o Espírito do Deus vivo, a Sua semente e o Seu DNA, e somos livres para multiplicá-lo enquanto continuamos a nossa jornada, buscando a liberdade a partir de um lugar de identidade.

Ativação

Esta é a última ativação deste livro. Então fizemos dela uma ativação que você pode multiplicar!

Nós multiplicamos o caráter e a glória de Deus andando em "amor [preocupação altruísta pelos outros], alegria, paz [interior], paciência [não a capacidade de esperar, mas a maneira como agimos enquanto esperamos], bondade, benignidade, fidelidade, mansidão e domínio próprio" (Gálatas 5:22-23, AMP).

Pergunte ao Espírito Santo em que parte desse "fruto" você deve focar. Escolha uma. Todas as manhãs, quando acordar, diga: "Bom dia, Espírito Santo!", e peça a Ele que lhe ajude nesse dia a manter o foco no atributo que escolheu no texto de Gálatas 5:22-23. Peça a Ele para trazê-lo à sua mente ao longo do dia.

Você pode fazer isso por quantos dias sentir que deve fazer e pode escolher aleatoriamente entre as diferentes partes do "fruto", conforme sentir que o Espírito Santo lhe direcionar. Observe ao longo do dia como conseguiu exercitar o seu caráter divino.

Como sempre, sugiro que você faça anotações em seu diário.

COMENTÁRIOS FINAIS SOBRE A BUSCA DA LIBERDADE

Prossigo para o alvo, a fim de ganhar o prêmio do chamado
celestial de Deus em Cristo Jesus.

FILIPENSES 3:14

Todos nós lidamos com crenças limitantes que, de algum modo, nos impedem de experimentar a plenitude da liberdade que Jesus morreu para que tivéssemos. Mas aprendemos que temos acesso a uma realidade superior por meio de Jesus e percorremos três passos que nos prepararam e nos capacitaram a buscar continuamente o estilo de vida de liberdade que nos dá acesso a ela diariamente — e que, sobretudo, honra o sacrifício do nosso Salvador.

Começamos com o entendimento do que é a liberdade e o que não é. Estou certa de que você ficou impactado com algumas revelações de coisas simples que achava em seu subconsciente ser liberdade, mas, de repente, descobriu que não eram. Sem mencionar todas as crises emocionais pelas quais passamos enquanto estávamos nos libertando e aprendendo a nos aprofundar na nossa própria busca e relacionamento com Deus. Isso descreve alguns dos anos difíceis para mim. Você conseguiu identificar algumas crises na sua vida que o levaram a uma liberdade mais profunda? Estou torcendo por você! Eu lhe encorajo a fazer anotações no seu diário. (Talvez você escreva o próximo livro que a editora deste livro irá publicar. Nunca se sabe!).

Em seguida, entendemos alguns passos básicos na busca de um estilo de vida de liberdade a partir de um lugar de vitória e identidade em Cristo. Não somos vítimas e não somos pecadores. Somos mais que vencedores.

Oro para que, em cada capítulo, você tenha sido capacitado pelas ativações e que, através delas, a sua conexão com o Espírito Santo tenha aumentado, o seu relacionamento com Jesus tenha sido fortalecido e o amor do Pai em você tenha crescido.

A grande questão, então, é: como você sabe que está mais livre? Como sabe que a sua mente está sendo renovada e que você, na verdade, está adotando novas mentalidades?

Bem, ao longo da minha jornada e da minha experiência ajudando outros a trilharem sua jornada pessoal, pude observar alguns sinais palpáveis, resultado de uma liberdade mais profunda e de uma mentalidade renovada. Talvez, observar estes sinais na sua própria vida o ajude a determinar os esforços da sua busca. Tenha em mente que estes são sinais a serem observados, não uma lista de tarefas a executar. Estes são resultados que vêm automaticamente da sua busca pela liberdade por meio de um relacionamento genuíno com Cristo, não são as coisas que você precisa buscar.

- A maneira como vê as situações muda. Você começa a ver as coisas a partir de um lugar de gratidão e confiança.

- A meditação do seu coração muda (as coisas nas quais você pensa). Você se surpreenderá meditando na Palavra com mais frequência.

- A sua maneira de falar muda. Você começa a ter uma linguagem cheia de esperança e fé.

- A sua atitude para com os outros muda. Você passa a confiar nas pessoas e nas intenções delas para com você.

- A sua atitude com relação às circunstâncias muda. Você começa a ter expectativas positivas quanto ao resultado das coisas.

- A sua atitude com relação a si mesmo muda. Você passa a amar e respeitar mais a si mesmo e começa a apreciar até as suas fraquezas, porque sabe que Deus aparecerá, e esta será uma oportunidade não apenas dele se manifestar, mas também de você crescer.

Sei que um novo nível de liberdade foi destravado no seu espírito. E o que vem em seguida? Mais! Há sempre mais! Nada limita você, agora que foi ativado para buscar um estilo de vida de liberdade e para viver uma realidade superior na terra assim como no céu.

Eis algumas dicas que você poderá achar úteis para continuar a abraçar esse processo.

Tenha paciência e não seja duro demais consigo mesmo se você perceber que está voltando a velhos hábitos e mentalidades. Ao mesmo tempo, abrace o processo e o desconforto. Mantenha-se responsável e tenha pessoas a quem você possa prestar contas.

Submeta-se à sua liderança pastoral, mesmo que não concorde plenamente com eles. Submissão nem sempre significa concordância.

Traga-se de volta ao processo da liberdade, traga-se de volta para a verdade, a Palavra de Deus, e esteja ciente dos gatilhos que poderiam fazer você voltar a cair nos velhos hábitos que o mantêm escravizado e evite-os.

Não se envergonhe de pedir ajuda se for preciso. Terapia, aconselhamento, seja o que for que você necessite, ainda que seja algo tão simples quanto contratar alguém que lhe ajude a aliviar o peso. Tudo bem. Você não precisa ser a Mulher Maravilha ou o Super-Homem. Eles não existem. Eles são personagens fictícios. Você só precisa ser *você*, totalmente vivo.

Cure qualquer raiz de padrões de pensamento e hábitos danosos. Você pode usar as ferramentas que compartilho neste livro, inclusive a Técnica de Liberdade prática que minha amiga compartilhou conosco, e você conseguirá se libertar de todos os sistemas de crenças e pensamentos que possam lhe impedir de viver em liberdade.

Sei que é difícil sentir dor, e ninguém gosta disso. Eu com certeza não gosto. Mas às vezes, é necessário permitir que a dor seja sentida e reconhecê-la, para que Deus possa curá-la. Não tente ignorá-la, não tente amortecê-la, não tente calá-la. Permita-se sentir a dor se ela estiver presente. Chore, grite e deixe que o catarro desagradável escorra do seu nariz se for preciso. Deixe tudo sair. Então, permita que o Espírito Santo, o consolador por excelência e Aquele que cura, console e cure você.

Quando tudo isso tiver terminado, ajeite a sua coroa na cabeça, segure as mãos de Jesus com força, recomponha-se e siga em frente — porque há sempre mais esperando por você! E será maravilhoso!

Com todo o meu amor,

Tassyane

PASSO IV

A TÉCNICA DA LIBERDADE

O passo IV é sobre a Técnica da Liberdade desenvolvida pela minha amiga e terapeuta cognitivo-comportamental, Michele Gonçalves, para ajudar os pacientes dela a caminharem em liberdade. Esta técnica certamente faz parte da busca por um estilo de vida de liberdade.

Atenção: por favor, saiba que esta é uma técnica. Isto não é um milagre e de forma alguma é uma substituição a qualquer tratamento atual que esteja fazendo ou a medicamentos que talvez esteja tomando. De jeito nenhum estamos sugerindo que você pare de fazer qualquer uma dessas coisas sem antes consultar um médico ou sem a autorização dos profissionais com quem você atualmente se cuida. Esta também não é uma fórmula; portanto, pergunte a Deus como pode personalizá-la para ter o melhor proveito.

13

Introdução à Técnica da Liberdade e Sua Fundadora

Michelle Gonçalves é especialista em ajudar seus pacientes a melhorarem sua qualidade de vida, oferecendo ferramentas para uma autoavaliação de diferentes aspectos de suas vidas — social, emocional, mental, cognitivo e comportamental.

Ela propõe uma linha psicanalítica e comportamental em suas sessões de psicoterapia. Seu serviço possui muitas facetas e dinâmicas, e seus pacientes são beneficiados com a personalidade alegre e receptiva dela. Michelle se torna uma mistura de parceira, mãe, fã, terapeuta e amiga em termos do processo terapêutico aplicado a cada um de seus pacientes individualmente. Para ela, é essencial que todos se sintam bem-vindos, compreendidos, apoiados, desafiados e ajudados. Seu trabalho visa promover e facilitar a construção da melhor versão de cada pessoa para a vida e os sonhos, conforme o propósito específico de cada um.

Neste processo, ela desvenda as percepções e crenças limitantes, ajudando seus pacientes a externarem traumas conhecidos ou desconhecidos, e promovendo a cura. Ela desafia as perspectivas existentes deles, impelindo-os a mudar, a alinhar direções e a equilibrar as suas prioridades de vida. Tudo isso, promovendo ferramentas para terem uma vida livre, abundante e vitoriosa.

Ela é mãe de quatro filhas incríveis e é casada com Alexandre, com quem está há quase trinta anos. Eles estão juntos desde jovens e já passaram por poucas e boas, das quais saem mais fortes e unidos apesar de qualquer montanha ou gigante que possam enfrentar.

Resiliente é uma descrição adequada para ela, mas não o suficiente para descrever como vejo Michelle. Ela é forte e corajosa e luta com determinação, resistência e perseverança pelo que acredita ser certo. Michelle é uma mulher louvável com um lindo coração e um desejo verdadeiro e genuíno de viver em liberdade e de ajudar outros a fazerem o mesmo. Ela tem uma paixão por almas, um desejo de que o amor puro e verdadeiro de Jesus reine em todas as áreas da humanidade. Nem preciso dizer que eu a amo de todo o coração e admiro quem ela é.

Michelle criou esta técnica enquanto pesquisava formas de renovar a sua própria mente, de melhorar seu próprio estado e de crescer e evoluir. Esta técnica se tornou uma ferramenta usada nas suas sessões de terapia para levar cura e liberdade a muitos de seus pacientes. Valorizo o desejo dela de estar sempre crescendo e sua generosidade em compartilhar esse crescimento com o mundo que a cerca.

Na próxima seção deste livro, compartilharei parte da conversa inicial que tive com Michelle quando ela me apresentou esta técnica pela primeira vez e parafrasearei o que ela disse com as minhas próprias palavras, segundo a maneira como as entendi e recebi dela. Depois compartilharei a aplicação, incluindo algumas das minhas ideias da época em que ela me convidou a escrevê-las.

O capítulo seguinte é sobre as instruções que ela desenvolveu para cada passo dentro dessa técnica. Finalmente, o último capítulo desta seção inclui alguns exemplos de pacientes que ela trouxe, protegendo a identidade deles. Os cenários são precisos para lhe dar exemplos reais, mas os nomes e detalhes foram alterados em nome da confidencialidade.

14

O Que é a Técnica da Liberdade?

A Técnica da Liberdade desafia e desfaz as nossas percepções limitantes e as nossas prisões mentais que nos causam tanta dificuldade ao lidar com nossas vidas, relacionamentos, direções e resultados na vida. Esta técnica ensinará nossa mente a olhar na direção certa, guiando cada passo para atingirmos os objetivos certos, façamos escolhas novas e mais precisas e alcancemos resultados mais positivos.

Com a mente posicionada em um estado sábio e centrado e com as escolhas e resultados alinhados aos desejos do nosso coração e à realidade das nossas vidas, esta Técnica da Liberdade abrirá portas para experimentarmos o sentimento de crescimento, transformação e verdadeira liberdade. Ganharemos em liberdade de escolha e permissão para sermos a nossa melhor versão, que anteriormente estava aprisionada por nossas percepções, emoções e genética limitantes. Com esta técnica, teremos uma visão transformada de nós mesmos, da nossa história e das pessoas que nos cercam, resultando em uma mudança de ações e comportamentos.

Esta técnica consiste em passos diários para revelar prisões nas nossas mentes, causadas por lembranças emocionais extremamente poderosas, criando lentes e perspectivas erradas. Aprenderemos diariamente passos para quebrar esses padrões emocionais e para desenvolver uma nova perspectiva fundamentada na verdade. Exploraremos sobre reconstruir o nosso fundamento a partir da base, destruindo fortalezas e descobrindo quem realmente somos e qual é o nosso propósito de vida — e depois, sobre como andar nessa identidade e propósito e alterar o nosso destino para estar alinhado ao que foi predestinado a nós desde a fundação da terra: a vitória.

"Ao mudar as perspectivas com a verdade real e aplicar novos comportamentos," Michelle Gonçalves nos diz, "você mudará a estrutura das suas lembranças, e ao fazer repetições seguidas, isso causará uma mudança na estrutura do seu cérebro".

A única verdade real é a Palavra de Deus. A Palavra de Deus é poderosa. Ela tem poder suficiente para transformar algo sem forma no planeta terra, então, ela deve ser capaz de mudar o nosso pensamento e reestruturar nossos cérebros também.

Michelle acredita que ao seguir os passos desta técnica diariamente e alcançar os nossos próprios alvos diários, poderemos nos conectar com a nossa mente e viver o nosso chamado mais elevado. Ela acredita que o resultado fundamental desse envolvimento diário entre alma e espírito será a renovação da nossa mente para ver o que já está disponível e acessar as vitórias que já são nossas, as quais se tornaram possíveis através do sacrifício e do amor de Jesus.

Ao promover a conscientização através da Técnica da Liberdade, podemos entender as nossas dificuldades, analisar as nossas percepções, emoções, escolhas e crenças, e externá-las. Trazemos à consciência emoções ocultas no subconsciente causadas pelos traumas. Quando as lembranças causam muita dor, o cérebro as mantém no subconsciente para não causar mais danos emocionais do que podemos suportar. Ao tomar consciência dessas memórias, podemos nos curar conscientemente, assumir nossa responsabilidade, alinhar percepções e fazer escolhas que serão mais benéficas a nós, em vez das que nos mantêm cativos de uma mentalidade de escravidão. Tudo sem a influência do trauma.

Através da técnica, também afiamos os aspectos cognitivos e comportamentais, trazendo memórias, pensamentos, emoções e comportamentos para serem revelados e avaliados. Com a mudança de comportamentos, podemos experimentar novos resultados. E ao manter a consistência da prática na repetição, criaremos novas sinapses, caminhos, memórias e direções neurais, colocando em prática uma nova neuroplasticidade.

Michelle recomenda um mínimo de noventa dias de prática da técnica para que sejam vistas mudanças permanentes.

Vejamos os passos para entendermos melhor como ela pode ser aplicada.

15

A Técnica da Liberdade em Ação

Abaixo estão os passos a serem seguidos na técnica.

- Fato
- Evidenciar
- Encontrar
- Esclarecer
- Dedicar
- Agir
- Atenção plena

Fato

Qual é o fato em questão? Qual é a dificuldade que está sendo enfrentada?

Neste passo, você relatará ou anotará o fato e a dificuldade que está enfrentando. De que você precisa se libertar? Neste momento, você ainda não tentará chegar a sentimentos e pensamentos, apenas fatos.

Eis um exemplo: "Costumo ser rude com meus filhos. Este é o fato do qual preciso me libertar. Não preciso ser rude com meu filho de treze anos porque ele se esqueceu de colocar as meias no cesto de roupa suja. Há maneiras melhores de me comunicar, mesmo que eu já tenha pedido a ele para fazer isso um milhão de vezes".

Registre os fatos. Anote-os.

Evidenciar

Evidencie os sentimentos e pensamentos acerca do fato.

Neste passo, você evidencia toda a história. Quais são os sentimentos, pensamentos e percepções que você tem sobre este fato? Quem está envolvido na situação? Anote por qual motivo você acha que está passando por esta situação.

Cave mais fundo em busca dos pensamentos, sentimentos ou emoções que estão por trás do fato. O que está dominando a sua mente ou tirando a sua paz? Fatos não assumem o controle, mas sim os pensamentos, sentimentos e emoções que estão por trás deles. Quando viu aquelas meias, como você se sentiu? O que passou pela sua mente? Sentiu-se frustrada? Por quê? Foi como se o seu trabalho em casa fosse insignificante?

Você se sentiu depreciada? Sentiu que não era ouvida pelo fato de ter expressado muitas vezes o seu desejo de que as meias fossem colocadas no cesto de roupa suja, mas isso não aconteceu? Faça a si mesmo outras perguntas relacionadas ao fato. Convide o Espírito Santo para lhe dar as perguntas certas e escreva tudo em um papel.

Registre os seus pensamentos e sentimentos da melhor maneira possível. Não precisa ser perfeito, não precisa ser lógico, nem precisa fazer sentido. É como fazer uma tempestade de pensamentos colocando para fora tudo que está na sua mente. Seja da forma que for que essas coisas saiam, está tudo bem.

Encontrar

É hora de encontrar todas as experiências que levaram a esses sentimentos, pensamentos e percepções.

Neste passo, você encontrará respostas para crenças limitantes que aprendeu e arquivou ao longo da vida por meio de experiências difíceis ou traumáticas na sua família, na sociedade em que vive ou nos relacionamentos e experiências em geral.

Reflita, ore e peça revelação ao Espírito Santo agora. Esta é a hora de encontrar crenças limitantes. O que acredita estar levando você a sentir ou pensar da maneira como se sente ou pensa? Entender isso fará com que você pare de ficar girando em círculos em torno desses pensamentos ou sentimentos. Observar os gatilhos ajudará você nesse processo.

Talvez as meias no chão tenham feito você se sentir assim porque tem uma crença limitante de que não possui valor, e esta é a razão pela qual seu filho não lhe dá ouvidos. Talvez a voz na sua mente — por causa dessa crença limitante — esteja dizendo: "Não é o seu trabalho em casa que é insignificante; *você* quem é insignificante". Estes são exemplos de crenças limitantes.

O objetivo é encontrar a raiz da razão pela qual você acredita no que acredita. O que exatamente está lhe impedindo de avançar e lhe mantendo em um ciclo sem fim? Identifique essa mentira ou crença limitante que está prejudicando seus pensamentos e emoções. Talvez tenha de cavar em busca de algumas lembranças da infância para descobrir a raiz de alguns sistemas de crenças, o que pode ser doloroso em alguns casos. Encontrar o sistema de crenças errado pode levar tempo. Mesmo que não se lembre exatamente de quando e como esse sistema de crenças foi plantado em você, é importante identificar o que está por trás do sentimento ou pensamento que você teve inicialmente.

Lembre-se de que você levou a vida inteira para construir esse sistema de crenças errado. Seja paciente consigo mesma agora que está tentando derrubá-lo, mas, independentemente disso, seja firme. Cave até chegar ao fundo. Permita-se sentir a dor, mas não fique no poço da dor. Tenha sempre intercessores orando por e com você. Assuma a responsabilidade, mas não se culpe. Você não é uma vítima. Você tem escolhas e está escolhendo melhorar. Isso é ótimo!

Esclarecer

O esclarecimento leva à clareza — qual é o resultado desejado para o fato?

Que mentalidade você gostaria de ter sobre tudo isso? Como lhe parece a luz no fim do túnel?

Agora que você está totalmente consciente da sua crença limitante, é hora de iluminar a sua mente com a verdade da Palavra de Deus, para adquirir ideias e ver qual pode ser o melhor resultado. Abra a sua perspectiva por um instante e pergunte: o que a Palavra de Deus diz sobre isto?

Tenha em mente que você não é uma vítima das pessoas e das circunstâncias. O que aconteceu com você pode não ter sido culpa sua, mas é sua responsabilidade seguir em frente, e você está fazendo exatamente isso.

Se procurou na Bíblia versículos que falam sobre o seu valor, você deve ter se deparado com estes versículos, entre muitos outros:

> Pois somos feitura dele [a obra-prima, a obra de arte dele], criados em Cristo Jesus [nascidos do alto, transformados e renovados espiritualmente, prontos para sermos usados] para boas obras, as quais Deus de antemão [seguindo os caminhos que Ele definiu] preparou [para nós] para que andássemos nelas [vivendo a boa vida que Ele pré-determinou e preparou para nós]. (Efésios 2:10 AMP)
>
> Tu formaste o meu interior, moldando o interior delicado e o meu exterior intrincado, e teceu tudo no ventre de minha mãe. Eu Te agradeço, Deus, por me fazeres tão misteriosamente complexo! Tudo que Tu fazes é incrivelmente impressionante. Fico maravilhado ao pensar nisso! Como me conheces completamente, Senhor! Tu até formaste cada osso do meu corpo quando me criaste no oculto;

cuidadosamente, habilidosamente, Tu me moldaste do nada para alguma coisa. Tu viste quem me criaste para ser antes mesmo de eu me tornar eu! Antes que eu visse a luz do dia, o número dos dias que Tu planejaste para mim já estava registrado no Teu livro. (Salmos 139:13-16, The Passion Translation).

Como os pensamentos de Deus com relação à sua importância e valor são incríveis, a ponto de Ele dedicar tempo para registrar esses pensamentos no Livro da Vida!

Consegue ver como isso começa a mudar a sua perspectiva? Por exemplo, agora você pode usar estes versículos para substituir a crença limitante da desvalorização.

Anote quem quer ser, qual é o seu objetivo e até quando. Por exemplo: "Quero ser ouvida por meus filhos, então vou passar a me comunicar melhor até o fim do ano". Deste modo, pode começar a procurar a ajuda que necessita para se comunicar melhor. Como conseguirá isso? Será através de um terapeuta? Ou por uma aula de comunicação? Será através de mais conversas? Seu filho também precisa de ajuda?

Está vendo como isso inicia um processo que contém tópicos de ação que lhe farão avançar? É isso que acontece quando você esclarece as coisas. Você pode ver as coisas a partir de uma perspectiva mais ampla. Ainda não é tempo de ação; você está apenas fazendo anotações.

Dedicar

O momento de dedicação é para focar nos resultados desejados e não nos sentimentos.

Entenda que pensamentos e sentimentos estão alinhados com a verdade, para poder olhar, sentir e agir na direção do que você quer construir enquanto avança, a fim de atingir o resultado desejado. Reescreva a sua história, mesmo que não pense ou sinta assim ainda. Comece a recriar e a reestruturar padrões de pensamento e interações neuropsicológicas para ter novas atitudes, e logo começará a ver as coisas a partir de uma perspectiva de triunfo, a qual lhe ajudará a se libertar diariamente das limitações que anteriormente paralisavam você.

É a repetição desse processo que gera a mudança. O que acredita que precisa mudar e fazer para ter essa vitória? Quais são os passos? O que está lhe impedindo de alcançá-la? O que precisa fazer primeiro? O que precisa acontecer?

Considere quais são as suas escolhas e depois priorize-as. Quais mudanças precisam acontecer? Que posições e ações você precisa tomar? Quais ferramentas necessita? Qual é o primeiro passo? Qual é a sua motivação?

Pergunte a Deus. Ouça. Anote.

Agora que tem uma nova perspectiva e um plano de ação, reserve um instante para tomar posse desta mudança de perspectiva. Isso é importante e este é um passo diário que você precisa dar enquanto avança. Para construir um novo hábito são necessários vinte e um dias, e para construir um novo estilo de vida são necessários noventa dias. Mas só Deus sabe quanto tempo leva para construir uma boa e nova fortaleza na sua mente a fim de substituir a antiga fortaleza errada para sempre.

Agir

É hora de agir, transformando novos pensamentos em ações para alcançar os novos resultados desejados.

Agora você colocará o plano que criou em prática. Você já começou a analisá-lo. Sabe o que quer, e já meditou, pensou e orou sobre isso. Você sabe que pensamentos, sentimentos, atitudes e recursos necessita para colocá-lo em prática e construir novos resultados, transformando a história do seu fato e a história da sua vida. Agora é hora de agir.

Comece a anotar o primeiro passo que você pode dar, e depois o seguinte, até o último, em ordem de prioridade.

Seja realista. Anote o prazo no qual você concluirá cada passo, do primeiro ao último. Seja específico. Dentro de cada passo, descreva o que fará, os objetivos e ganhos do passo, e a data estimada de conclusão. Assine o seu plano de ação para dar credibilidade a ele. Anote os próximos passos antes de terminar o anterior para permanecer motivado. Foque no objetivo. Complete cada um até a sua vitória final.

Este passo não deve, de maneira alguma, sobrecarregar você. É por isso que se trata de um processo, e este passo vai até o fim do processo. Lembre-se, você já é uma pessoa vitoriosa e já está triunfando. Você já percorreu um longo caminho.

Considere estas perguntas:

- Precisa contratar ajuda para os afazeres domésticos?
- Consegue pagar por isso?
- O que você pode delegar? E a quem?

- Precisa ter um sistema de recompensas atrativo para as crianças a fim de que elas possam ter uma motivação a mais para as tarefas?

- Quais são as tarefas que elas podem fazer sem que você tenha de refazê-las?

- Você precisa de terapia?

- As crianças precisam de terapia?

- Você precisa de mais tempo a sós com o Senhor todos os dias?

Estes são itens práticos e viáveis que ajudarão a tornar a vida mais fácil e que ajudarão a organizar melhor o seu dia e a sua mente. Separe algum tempo com o Espírito Santo e convide-o para lhe ajudar a determinar alguns itens viáveis que lhe ajudarão na sua vida diária. Esteja disponível a mudanças regularmente. Não escreva essas coisas em pedra. À medida que a vida e os horários mudarem, e à medida que as prioridades mudarem, esteja aberta!

Atenção plena

Tenha uma mente sábia. Lide com o fato de uma maneira madura, responsável e transformada.

É então que você começará a alcançar novas estruturas emocionais, sociais, cognitivas e pessoais sobre o fato e sobre como se percebe em relação ao fato agora, com uma nova mentalidade. É importante manter um diário neste processo para anotar todos os seus caminhos e jornadas, assim como todas as vitórias que alcançar.

É imprescindível ter em mente algumas coisas nesta etapa:

- Você conhece a Deus e é mais importante que esse fato.
- Você está vivendo em abundância, equilíbrio e triunfo sobre esse fato.
- Você atingiu o seu objetivo final sobre esse fato específico.
- Você está seguindo em frente para a sua próxima jornada.

A atenção plena é um estado mental no qual deveríamos sempre estar. Deveríamos viver sempre conscientes do nosso próprio modo de pensar. Não suponha que este é o tipo de coisa que se faz uma vez e pronto; mas, em vez disso, seja vigilante com relação à sua mente e seus pensamentos, e se perceber pensamentos, sentimentos ou emoções intrusivos, lide com eles imediatamente antes que criem raízes em você. Uma mente renovada é uma mente livre.

A renovação da mente é algo constante enquanto vivermos na terra. E atenção plena é isso.

16

Exemplos Reais

Como já foi mencionado, os exemplos foram modificados a fim de proteger a identidade dos pacientes, mas eles são exemplos reais dados pela Michelle para nos oferecer uma ideia exata de como ela usa esta técnica diariamente.

Exemplo 1

Vinte e cinco anos, mulher, diversas ansiedades, medos, insatisfeita com a vida profissional.

Objetivo principal: Sentir-me melhor comigo mesma, reduzir a ansiedade, acreditar nos meus sonhos e mudar minha área profissional (vida financeira, transformação no autovalor).

Primeiro passo: Encontrei-me com a terapeuta, as questões foram abordadas e fiz um compromisso comigo mesma.

Como foi esse compromisso para a paciente:

Começarei a ter um momento sozinha; me motivarei diariamente com palavras positivas e devocionais diários; cuidarei da minha aparência; e manterei um diário e começarei a escrever tudo o que estou sentindo e o que desejo.

Também procurarei pessoas que tenham alcançado coisas semelhantes às que eu gostaria de alcançar — para aprender com elas, ser inspirada por elas e me manter motivada, sabendo que é possível alcançar o desejo do meu coração.

A paciente assinou um acordo consigo mesma e se comprometeu a fazer estas coisas consistentemente por vinte e um dias consecutivos.

Segundo passo: três semanas após o primeiro passo, darei o segundo passo. Começarei a pesquisar uma nova carreira. Bases importantes a considerar: áreas que se identifiquem com a minha personalidade, meus dons, talentos e gostos. Descobrir a demanda para esta área e estudar as margens de lucro.

Exemplo 2

Quarenta e cinco anos, mulher, casada, mãe de três filhos

Fato: Não me sinto valorizada, amada ou cuidada por meu marido. Queria ter uma vida completamente diferente. Queria me separar dele, mas não consigo. Portanto, estou infeliz e sem esperança.

Revelar: Eu me sinto a pior mulher do mundo, um fracasso, desvalorizada, frustrada e não sei por que ele me faz tão mal. Se eu concordar com ele, perfeito, ele me ama. Se não, tudo vai por água abaixo. Brigas, discussões e desentendimentos. Eu dedico minha vida a ele e aos meus filhos, não cuido de mim nem me priorizo. Trabalho com ele e detesto quando ele está presente. Não me sinto reconhecida e me sinto deixada de lado. Tenho sonhos, mas não tenho tempo nem motivação para avançar. Ele também descredibiliza a mim e o que eu faço. Estou sempre envolvida com as exigências dele, que devem ser do jeito que ele quer, sem considerar o que penso, sinto ou quero. Viver dessa maneira me faz sentir tanto ódio e tristeza que, às vezes, eu gostaria de morrer para resolver tudo. Muita ansiedade e codependência. Quando ele grita ou perde a calma e desconta sua frustração nos meninos e em mim, sinto vontade de ir embora e deixá-lo. Ele merece ficar só. Mas eu nunca consigo fazer isso! E então volto à frustração de viver esta vida miserável. Às vezes, penso que sou louca e ingrata, mas esse sentimento é real em mim por causa da minha vida e do relacionamento que temos. Como excessivamente e bebo muito, estou acima do peso e não me sinto bonita, nem capaz, e muito menos atraente.

Encontrar: As mentalidades limitantes que encontro são que sou incapaz, não sou inteligente ou bonita, nem sei como falar ou me expressar. Tenho de fazer algo para ser amada. Ninguém vê o meu valor, o dinheiro é mau, muitas coisas ruins acontecem no mundo, minha vida é um inferno, eu mereço passar por essas dificuldades e sofrimentos. Todo mundo tem tudo, e eu não tenho nada. Eu não mereço isso. Eu só queria uma família, paz e uma carreira, mas não creio que eu seja capaz, pois minha família é um fracasso, e isso é horrível. Sou um fracasso. Não vejo saída, a não ser me separar de meu marido. Acho que ele é mau. As pessoas são más comigo, e eu permito que elas façam coisas ruins comigo pelo medo de perdê-las. Preciso viver sozinha. Ninguém me entende. Mas tenho medo de ser castigada por Deus.

Esclarecer: Meu maior sonho é poder ter uma família estruturada, um parceiro ao meu lado que não me sugue tanto, que não seja tão problemático ou negativo e que me ame e me apoie para que eu possa ser a melhor versão de mim mesma. Eu adoraria ser livre de ansiedades e ter orgulho de mim mesma e da minha vida. Gostaria de ter uma carreira, algo que eu goste, que me realize, com a qual eu me identifique. Uma rotina, como qualquer outra mulher — trabalho, finanças, um carro, uma história, uma vida e realizações. Eu gostaria de não me sentir aprisionada neste relacionamento que me consome e me destrói lentamente.

Dedicar: Em vez de acreditar que esta é a minha realidade final, a realidade que meus pais viveram, quero reestruturar o meu próprio valor, uma nova história. Em vez de ficar paralisada pelas minhas percepções limitantes, vou transformá-las.

Em uma sessão de terapia com Michelle, decidi que o primeiro passo seria mudar a maneira como eu me vejo — começar a cuidar e a investir em mim mesma. Não posso mudar ninguém nem implorar pelo amor, respeito e prioridade dele. No entanto, posso mudar as coisas na minha própria vida, e cuidarei dela. Cuidarei de mim mesma física, mental, emocional e profissionalmente, porque ninguém tem o poder de fazer isso por mim. Afinal, quero me posicionar para ser respeitada como mereço. Organizarei a minha casa e as prioridades da família, e buscarei o meu sonho profissional, nessa ordem, respeitando as prioridades e construindo colunas para não inverter valores.

Agir: Minha primeira ação será cuidar da minha aparência diariamente. Da minha mente e do meu físico. Por nunca priorizar isso no passado, acreditei que eu nunca tinha tempo para isso. Eu estava vivendo com a mentalidade do sofrimento limitante.

Ação 1: A partir de amanhã, começarei o dia cuidando de mim. Tomarei um banho, cuidarei da minha pele, trocarei de roupa, me maquiarei e arrumarei o cabelo. Estarei linda todos os dias. Também meditarei e orarei antes das minhas atividades diárias. A partir da próxima segunda-feira, começarei a caminhar por trinta minutos todos os dias, pelo menos três dias por semana. Também mudarei a minha dieta para algo mais saudável. Tirarei um tempo de folga durante a semana para tomar um café com minhas amigas e poder socializar.

Ação 2: Depois de vinte e um dias, quando eu me sentir mais centrada, menos abalada emocionalmente e quando minha autoestima melhorar um pouco, conversarei com meu marido sobre o nosso relacionamento e sobre a maneira como ele me trata. Direi a ele como me sinto e como gostaria de ser tratada. Compartilharei com ele as coisas que fazem com que eu me sinta desrespeitada, e direi o que espero dele daqui para frente. Perguntarei o que ele espera de mim também. Esta é uma prioridade da qual não estou disposta a abrir mão.

Ação 3: Trabalhar nas prioridades da minha família a fim de avançar para o passo de começar a estabelecer o passo quatro, o profissional. Começarei a dar passos pouco a pouco em direção ao meu sonho e às minhas conquistas.

Atenção plena: Hoje, lido de forma sábia e responsável com as exigências do meu lar e da personalidade de meu marido, com as exigências de meus filhos e com as dificuldades e problemas apresentados em minha vida e nos meus relacionamentos. Farei isso com sabedoria sem perder a mim mesma. Porque decidi construir em mim o que eu estava esperando receber de todos ao meu redor. Queria que eles me ajudassem, me ouvissem, me perdoassem e me pusessem para cima. E isso não era papel deles. Hoje, conheço o meu valor, sei quem sou e para onde estou indo. Todos me respeitam, e tenho limites nos meus relacionamentos. Encontrei tudo isso dentro de mim mesma, graças a Deus e esta Técnica da Liberdade que me ajudou a viver a novidade de vida que Jesus conquistou para mim.

Hoje sou uma cuidadora de idosos, ajudo mulheres a edificarem a sua autoestima. Eu construo este padrão de amor-próprio dentro do meu trabalho com elas. Meu casamento é estável, e temos um relacionamento bom e respeitoso. Estamos trabalhando continuamente na nossa relação, mas hoje respeitamos o espaço um do outro. Meus filhos têm uma casa estável para chamar de lar, tudo graças a Deus.

***

Estes foram dois exemplos de pacientes reais, com detalhes pessoais modificados, que conseguiram transformar completamente suas circunstâncias por meio da aplicação da Técnica da Liberdade nas sessões de terapia com Michelle e por meio da prática consistente dela em casa. Lembre-se, o simples não é necessariamente fácil. Mas, no final, vale a pena.

Esses pacientes, assim como Michelle, dão toda a glória a Deus. Ele é Aquele que fez tudo ser possível e que deu a Michelle esta técnica incrível que agora ela compartilha com outros.

Conclusão

Estamos muito felizes por podermos colocar em palavras uma obra que agora pode ajudar tantas pessoas. A Técnica da Liberdade lhe ajudará de muitas formas práticas, à medida que Deus continuar a revelar quem você é para que se torne totalmente vivo, encontre o seu pleno potencial e propósito, e viva a liberdade e a vitória compradas para você na cruz. Você merece isso. Não por nada que tenha feito, mas porque Ele decidiu que fosse assim. Ele escolheu *você*. Agora vá viver e seja livre!

(Michelle Gonçalves está nas redes sociais: @michelle.cognitivetherapist)

CRÉDITOS

Crédito à Bíblia. A primeira estrutura da técnica nasceu a partir dos passos da tenda do encontro criada por Moisés no deserto. Os passos consistiam em atos de adoração a Deus, incluindo o povo confessando seus pecados como um ato de responsabilidade. Através desses passos, o homem alcançaria o perdão das práticas e atos errados. Primeiro, eles se submetiam ao sacrifício, porque os seus pecados e transgressões os haviam afastado da presença de Deus. Nesse lugar estava a porta, o holocausto (lugar para o sacrifício), a bacia, os véus separando as outras áreas do templo, o candelabro, a bandeja de pães, o incenso, e finalmente, o lugar santo.

Crédito ao método psicanalítico de trazer à tona o inconsciente reprimido e fortalecer o ego.

Crédito às técnicas de terapia cognitiva comportamental (TCC) por desafiarem as percepções limitantes e revelarem pensamentos e sentimentos, e por trazerem aprimoramento para enxergarmos por outros ângulos e mudar comportamentos.

Crédito à neurociência por descobrir a possibilidade da neuroplasticidade do cérebro.

Crédito à epigenética por estudar como os comportamentos e o ambiente podem causar mudanças que afetam a maneira como os genes funcionam.

***

Fim

BÔNUS

Declarações Poderosas Sobre a Sua Identidade

Não há nada mais libertador e renovador que declarar a verdade sobre nós mesmos acerca de quem somos. Sugiro que você destaque os pontos abaixo em amarelo, e depois volte a eles diariamente. Leia-os e declare-os sobre si mesmo quantas vezes quiser, até que eles transformem você.

Sinta-se livre para acrescentar mais pontos, versículos bíblicos ou simplesmente uma verdade que sinta que Deus está lhe falando. A verdade da Palavra de Deus é absolutamente transformadora, e ela libertará você.

- Eu sou o sal da terra (Mateus 5:13).
- Eu sou a luz do mundo (Mateus 5:14).
- Eu sou valioso para Deus (Mateus 6:26).

- Eu sou habitação de Cristo; o Seu Espírito vive em mim (João 14:20).

- Eu sou um ramo da videira verdadeira (João 15:5).

- Eu sou amigo de Cristo (João 15:15).

- Eu sou escolhido e designado por Cristo para ir e dar fruto (João 15:16).

- Eu sou justificado pelo sangue de Jesus Cristo (Romanos 5:9).

- Eu sou reconciliado com Deus por meio da morte de Cristo e salvo por meio da vida de Cristo (Romanos 5:10).

- Eu fui liberto do pecado e me tornei escravo da justiça (Romanos 6:18).

- Eu estou livre da condenação (Romanos 8:1).

- Eu sou um filho de Deus e coerdeiro com Cristo (Romanos 8:17).

- Eu sou mais que vencedor por meio de Cristo (Romanos 8:37).

- Eu sou aceito por Cristo (Romanos 15:7).

- Eu sou abençoado e altamente favorecido! Sou frutífero e multiplico tudo que Deus coloca em minhas mãos! (Gênesis 1:28; Efésios 1:3).

- Sou uma nova criatura em Cristo, e as coisas velhas se passaram; eu não sou os meus erros — os meus erros não me definem (2 Coríntios 5:17).

- Eu sou justificado em Cristo (2 Coríntios 5:21).

- Estou morto para o pecado e vivo para a justiça (Romanos 6:11).

- Eu fui liberto! Sou livre para amar, para adorar e para confiar, sem medo da rejeição ou de ser ferido (João 8:36; Romanos 8:1).

- Sou um crente, e não um incrédulo (Marcos 5:36).

- Sou criativo, porque o Espírito Santo vive em mim (João 14:26; 1 Coríntios 6:19).

- Sou totalmente perdoado e livre de toda vergonha e condenação (Romanos 8:1-2; Efésios 1:7-8; 1 João 1:9).

- Não tenho medo ou ansiedade; confio no Senhor de todo o coração (Provérbios 3:5-6; Filipenses 4:6-7; 1 Pedro 5:7).

- Sou totalmente capaz de cumprir o chamado que Deus colocou em minha vida (Êxodo 3:9-12; Salmos 57:2; Colossenses 1:24-29).

- Meus pecados estão perdoados; Deus não se lembra mais deles, nem eu os lembrarei; estou livre do pecado (Hebreus 8:12; 1 João 1:9).

- Eu sou a Noiva de Cristo (Apocalipse 21:9).

- O sangue de Jesus Cristo me justifica (Romanos 5:9).

- Sou um filho de Deus, herdeiro de Deus, escolhido por Deus; sou santo e grandemente amado por Ele! (1 João 3:1-2; Gálatas 4:7; Efésios 1:1, 5, 11; Colossenses 3:12).

- Sou responsável; gosto de assumir responsabilidades e me posiciono para cada responsabilidade em Cristo Jesus (2 Coríntios 11:28; Filipenses 4:13).

- Eu perdoo os outros, assim como Deus me perdoou (Lucas 11:4).

- Eu tenho a mente de Cristo (1 Coríntios 2:16).

- Eu sou o templo de Deus; o Seu Espírito vive em mim (1 Coríntios 3:16, 6:19).
- Eu fui lavado, justificado e santificado por meio de Cristo (1 Coríntios 6:11).
- Eu sou uma parte importante do corpo de Cristo (1 Coríntios 12:27).
- Eu sou o perfume de Cristo (2 Coríntios 2:15).
- Eu sou um embaixador de Cristo e um ministro da reconciliação (2 Coríntios 5:20).
- Eu fui redimido da maldição da lei (Gálatas 3:13).
- Eu fui redimido e perdoado por meio do sangue de Cristo (Efésios 1:7).
- Agora estou vivo com Cristo (Efésios 2:5).
- Eu sou feitura de Deus, criado em Cristo Jesus para fazer boas obras, as quais Deus preparou previamente para eu realizar (Efésios 2:10).
- Sou concidadão do povo de Deus e membro da família de Deus (Efésios 2:19).
- Eu (como mulher) sou uma auxiliadora, e posso todas as coisas (Gênesis 2:18; Filipenses 4:13).
- Eu sou único (Gênesis 2:21).
- Eu sou poderoso, eu sou inimigo do diabo, eu nasci de Deus, e o maligno não pode me tocar (Gênesis 3:15; 1 João 5:18; 1 Pedro 5:8).
- Sou um cidadão do céu (Filipenses 3:20).
- Sou pleno em Cristo (Colossenses 2:10).
- Fui resgatado do domínio das trevas e transportado para o reino da luz (Colossenses 1:13).

- Estou escondido com Cristo em Deus (Colossenses 3:3).

- Sou geração eleita, sacerdócio real, nação santa, povo exclusivo de Deus, para anunciar as grandezas daquele que os chamou das trevas para a sua maravilhosa luz (1 Pedro 2:9-10).

- Sou um estrangeiro e peregrino neste mundo (1 Pedro 2:11).

- Eu sou LIVRE! (Romanos 8:2).

Mais Versículos Poderosos Sobre a Liberdade Bíblica

Eis mais alguns versículos encontrados na minha pesquisa sobre liberdade bíblica que não incluí anteriormente. São muitos, mas nem todos são fãs de tanta pesquisa. No entanto, eles são tão bons que não quis deixá-los de fora — para aqueles que amam isto tanto quanto eu!

> Naquele tempo, eu vos farei voltar e vos recolherei; certamente, farei de vós um nome e um louvor entre todos os povos da terra, quando eu vos mudar a sorte diante dos vossos olhos, diz o Senhor. (Sofonias 3:20, AMP)

A liberdade será restaurada — restaurada de volta ao princípio, de volta à nossa forma e propósito originais.

> Ninguém se faça árbitro contra vós outros, pretextando humildade e culto dos anjos, baseando-se em visões, enfatuado, sem motivo algum, na sua mente carnal. (Colossenses 2:18, AMP).

A liberdade é o nosso prêmio em Cristo! Cristo morreu para a nossa libertação e salvação; o preço foi pago. A liberdade é nosso direito como filhos de Deus. Simples assim!

> Observai as aves do céu: não semeiam, não colhem, nem ajuntam em celeiros; contudo, vosso Pai celeste as sustenta. Porventura, não valeis vós muito mais do que as aves? (Mateus 6:26, AMP)

Liberdade é entender o nosso valor e acreditar que Deus nos alimentará de todas as formas que precisarmos. Isso significa que não devemos viver preocupados com tudo.

> Ainda que eu esteja livre das expectativas e exigências de todos, tornei-me um servo voluntário de todos para alcançar todo tipo de gente. (1 Coríntios 9:19, MSG).

Liberdade é agir sem egoísmo. Ser altruísta é uma das demonstrações mais verdadeiras de liberdade. Só conseguimos ser verdadeiramente altruístas quando entendemos que não fazemos isso por obrigação, mas porque queremos — para sermos bons embaixadores de Cristo.

> Os que pensam que podem fazê-lo por si mesmos terminam obcecados por medir sua força moral, mas sem resultados na vida real. Os que confiam na ação de Deus descobrem que o Espírito de Deus está neles — vivendo e respirando Deus! Ficar obcecado comigo mesmo nessa questão é entrar num beco sem saída. Quem olha para Deus é levado para um campo aberto, a uma vida livre, espaçosa. Direcionar o foco para si mesmo é o oposto de se concentrar em Deus. Qualquer pessoa absorvida em si mesma passa a ignorar Deus e acaba pensando mais nela que em Deus. Ignora quem Deus é e o que Ele está fazendo. E Deus não gosta de ser ignorado. (Romanos 8:5-8, MSG).

Liberdade é entender, agir e se comportar conforme a nossa verdadeira natureza em Cristo, a natureza do Espírito, e não dar atenção à nossa velha natureza ou pensar que ainda a temos em nós.

Deus e o mal não podem coexistir. Se temos a Sua natureza — o que, na verdade, temos — e se aceitamos Jesus como nosso Senhor e Salvador, então não podemos mais dizer que temos a nossa velha natureza de pecado. Nem podemos nos comportar como se a tivéssemos. Precisamos entender Aquele de quem vem a nossa nova natureza, a fim de permitir que o nosso comportamento possa segui-lo.

> Se, pois, o Filho vos libertar, verdadeiramente sereis livres. (João 8:36, AMP)

Liberdade é aceitar tudo que Cristo pagou para que tivéssemos. João 8:36 é um dos meus versículos favoritos sobre liberdade. Pense nisso: *Se o Filho libertou você, você está realmente livre.* Mas precisamos aceitar o que Ele fez por nós. Precisamos aceitar a liberdade e entender o que ela é de fato. E foi exatamente isto que fizemos neste livro. Agora, estou certa de que você tem uma perspectiva inteiramente nova deste versículo!

> Também fui íntegro para com ele e me guardei da iniquidade. (Salmos 18:23, AMP)

A liberdade inclui não ser controlado pelo pecado. Isso significa que nunca pecaremos? Não é isso que quer dizer. Talvez pequemos e cometamos um erro. Mas se fizermos isso, nós nos arrependemos, vamos a Jesus, aceitamos o Seu perdão e seguimos em frente.

Não permitimos que o pecado nos condene, controle e domine. Nós não vivemos pelo pecado. Se pecarmos, não ficamos confortáveis com esse pecado; nós nos arrependemos prontamente e não pecamos intencional ou repetidamente. É isso que significa não ser escravos do pecado.

> A fé que tens, tem-na para ti mesmo perante Deus. Bem-aventurado é aquele que não se condena naquilo que aprova. (Romanos 14:22, AMP).

Liberdade é ter a nossa vontade tão alinhada com a vontade de Deus e tomar posse da justiça dele tão fortemente que o diabo não tem nada que possa ser usado para nos condenar.

> Tendo, pois, irmãos, intrepidez para entrar no Santo dos Santos, pelo sangue de Jesus (Hebreus 10:19, AMP)

Liberdade é saber que temos acesso a Deus em qualquer lugar e a qualquer hora! Quando Jesus derramou o Seu sangue na cruz, Ele nos deu acesso ao Santo dos Santos, onde encontramos a presença, a paz e a liberdade de Deus. Não há lugar para onde possamos ir para ter acesso a isso. Está dentro de cada um de nós. Liberdade é entender que Deus escolheu habitar em nós e aceitar que o sangue de Jesus foi suficiente para tornar isso uma realidade.

> Ora, Moisés cuidava que seus irmãos entenderiam que Deus os queria salvar por intermédio dele; eles, porém, não compreenderam. (Atos 7:25, AMP)

Liberdade é entender o desejo de Deus para a humanidade. Somos livres não porque merecemos ou mesmo porque queremos. Somos livres porque a liberdade é o desejo de Deus para a humanidade. Não podemos ser livres sem conhecer o Doador da Liberdade.

Liberdade é ter a luz de Deus em todas as áreas de nossas vidas:

> O Senhor é Deus, ele é a nossa luz; adornai a festa com ramos até as pontas do altar. (Salmos 118:27, AMP)

O inimigo muitas vezes nos faz pensar que é melhor que algumas coisas sejam mantidas nas trevas. E sussurra em nossos ouvidos: "Se as pessoas soubessem disso a seu respeito, elas não iriam gostar de você, elas desprezariam você, portanto, não diga nada".

Isto é uma mentira do inferno. O inimigo a mantém ali e a usa para nos envergonhar e roubar a nossa alegria. E isso nos impede de experimentar a liberdade de Deus naquela área. Derramando a luz de Deus em cada área e em cada situação, somos libertos de todas as emoções negativas que o segredo nas trevas trouxe sobre nós. A liberdade é a ausência de trevas em todas as áreas das nossas vidas.

> O Espírito do Senhor Deus está sobre mim, porque o Senhor me ungiu para pregar boas-novas aos quebrantados, enviou-me a curar os quebrantados de coração, a proclamar libertação aos cativos e a pôr em liberdade os algemados. (Isaías 61:1, AMP)

A liberdade é tanto física quanto espiritual. A liberdade é transferível de um espírito para outro através do poder do Espírito Santo em nós, da unção de Deus em nossas vidas e da autoridade dada aos crentes por Jesus Cristo, o Ungido. Liberdade vai muito além de apenas liberdade física ou ausência de cadeias mantendo alguém cativo. Há liberdade mental, emocional e espiritual.

> Não há dúvida que Deus chamou vocês para uma vida de liberdade. Mas não usem essa liberdade como desculpa para fazer o que bem entendem, pois, assim, acabarão destruindo-a. Em vez disso, usem a liberdade para servir o próximo com amor. É assim que vocês serão cada vez mais livres, pois o ensino da Palavra de Deus resume-se numa única frase: ame o próximo como a você mesmo. Isso é que é liberdade. Se vocês vivem como cão e gato, vão acabar se destruindo. Querem perder a preciosa liberdade? (Gálatas 5:13-15, MSG)

A liberdade nos é dada para servir e procurar o melhor uns para os outros em amor. A liberdade nos permite viver para os outros com a certeza de que Jesus vive para nós. Nós crescemos e nos tornamos um reflexo melhor dele todos os dias.

Liberdade também é servir sem esperar nada em troca, sem a necessidade de reconhecimento terreno e com uma motivação altruísta no coração.

> Quanto a mim, não vou me orgulhar de nada a não ser da cruz do nosso Senhor Jesus Cristo. Por causa daquela cruz, fui crucificado aos olhos do mundo,

libertado da atmosfera sufocante da necessidade de agradar os outros e me encaixar nos padrões mesquinhos ditados por eles. Percebem que esta é a questão principal? Não é o que fazemos, como sujeitar-se à circuncisão ou rejeitá-la. É o que Deus está fazendo, e Ele está criando algo novo, uma vida livre! Todos os que caminham por esse padrão são o verdadeiro Israel de Deus, seu povo escolhido. Paz e misericórdia sejam com eles! (Gálatas 6:14-16, MSG).

Liberdade é entender e abraçar verdadeiramente a nossa nova natureza em Cristo. Por mais que eu enfatize isto, ainda será pouco! Se Deus repetiu isto vez após vez ao longo da Bíblia, é porque deve ser importante, certo? Entenda que tudo que costumava nos escravizar não deve mais exercer esse poder. Fomos capacitados para nos livrar de tudo que não pertence à nossa vida em Cristo. Isso é tão poderoso e tão libertador!

Espero que você tenha gostado destes dois capítulos a mais que incluí aqui para você!

SOBRE A AUTORA

Tassyane Assis é uma ministra ordenada e mestra da Palavra de Deus, que ajuda muitos a serem libertos de mentalidades que os aprisionam e a andarem em liberdade e restauração. Ela é formada em administração de empresas e estudos bíblicos e hermenêuticos. Concluiu diversos cursos de desenvolvimento na área da escrita, publicação editorial e desenvolvimento de autores, além de mentorias e programas de treinamento nessas áreas, certificada como editora de livros pelo IAP Career College. Ela é uma conselheira pessoal autorizada e auxilia muitos a crescerem espiritual e emocionalmente ao vencer sistemas de crenças erradas substituindo-os pela verdade bíblica. No mundo dos negócios, ela lidera e treina tanto indivíduos quanto grupos por mais de duas décadas, auxiliando muitos a atingirem seus objetivos e aspirações.

Tassyane ama profunda e poderosamente as pessoas. A missão de sua vida é mover-se em parceria com Deus para auxiliar a traduzir a dimensão invisível e o coração de Deus para os crentes, ensinar a verdade com simplicidade e auxiliar a transformar indivíduos por meio de revelações divinas que os levarão a ter encontros com Jesus que tragam restauração e liberdade. Ela acredita que tudo o que fazemos flui de quem somos em Cristo, de um relacionamento profundo e íntimo com Ele.

Ela escreve desde a infância e acredita que esta seja uma expressão não apenas do seu próprio coração e criatividade, mas também do Espírito Santo nela e através dela. Ela escreveu inúmeros estudos bíblicos e continua a fazer isso. Alguns deles podem ser encontrados no seu blog: tassyaneasis.com.

Tassyane nasceu e cresceu no Brasil, e mudou-se para os Estados Unidos da América com sua mãe e irmãos. Ela é a mais velha de oito filhos (seu pai levou a sério a ordem de Deus de crescer e multiplicar-se!). Hoje, ela mora no belo e ensolarado sul da Flórida com seu marido, três filhos crescidos e seu cachorro.

Ela adoraria se conectar com você pelas redes sociais: @tassyane.assis. Também é possível se conectar com ela pelo seu *site*, onde ela posta semanalmente pensamentos sobre liberdade, amor e a vida em geral. Seus comentários serão bem-vindos.

www.ingramcontent.com/pod-product-compliance
Lightning Source LLC
Chambersburg PA
CBHW061733120626
46550CB00005B/1786